Mon carnet à bijoux

J'APPRENDS À DESSINER *l'* OR

Jean-Christophe Peupion

kiwi

Édition : Le Kaki
Création graphique : Le Litchi
Mise en pages : Julie Agor - Oreka Graphisme
Illustrations : Jean-Christophe Peupion

91, avenue de la République
75011, Paris

ISBN : 978-2-37883-008-3

Mon carnet à bijoux

J'APPRENDS À DESSINER *l'*OR

JEAN-CHRISTOPHE PEUPION

Introduction

Peindre des bijoux

Qui n'a jamais rêvé de dessiner ses propres bijoux ? Cet ouvrage unique est une source d'inspiration féconde pour tous les lecteurs fascinés par l'art du dessin et les bijoux, qui pourront, à leur tour, trouver et affirmer leur propre style.

Dessiner et peindre des bijoux représente un magnifique exutoire pour laisser sa créativité s'épanouir pleinement : cela fait appel à un sens de l'esthétique, une qualité de précision ainsi qu'une finesse d'exécution. La concentration de l'esprit se met au service de la beauté dans un pur moment de pleine conscience : ce que l'instant présent a de plus épanouissant à offrir.

Croquer et peindre des bijoux requiert l'apprentissage des bases classiques, du dessin à main levée à l'utilisation du pinceau. Cela nécessite également une étude attentive des différentes formes de bijoux proposés en modèles, de la plus simple à la plus complexe. Pour faire apparaître le bijou imaginaire, il faut donc en dessiner la forme, le volume, la couleur et l'éclat, la touche finale. C'est bien en dessinant et en testant les modèles sur papier que les joailliers développent leurs idées et leur donnent forme.

La technique du gouaché

Le gouaché est à la haute joaillerie ce que le patron est à la haute couture. Comme son nom l'indique, cette technique de peinture est réalisée à la gouache. Cela désigne simultanément le matériau utilisé et le résultat de l'œuvre finale. Il s'agit du matériau idéal pour peindre des bijoux en or. Le gouaché est un membre à part entière des métiers de l'art car il mêle subtilement la tradition à l'innovation.

Avec la technique du gouaché, représenter l'éclat de l'or de la manière la plus réaliste possible est à portée de main, grâce à ce guide pratique unique en son genre ! Cette technique offre à l'artiste la possibilité de restituer fidèlement la couleur, le volume et la perspective du bijou choisi. La peinture au gouaché, souvent effectuée sur un papier gris, met considérablement en valeur l'éclat des pierres, lorsqu'il y en a. Elle est privilégiée par les designers qui se veulent réalistes et précis afin de transmettre le plus d'informations possibles au joaillier en charge de réaliser le bijou. Ces petites œuvres d'art naissent donc sur le papier avant de pouvoir prendre vie dans la matière.

Après avoir appris à représenter les bijoux proposés en modèles dans ce livre, il deviendra enfin possible de dessiner et inventer vos propres bijoux !

Le matériel nécessaire

1. Pinceau n°4

2. Pinceau n°2

3. Feutre noir fin

4. Palette plastique blanche

5. Petit pot (transparent)

6. Blanc de titane

7. Noir

8. Ocre jaune / jaune de Monaco

9. Jaune d'or / jaune Sénégal

10. Jaune citron

L'or

L'or est un métal extrêmement précieux, convoité depuis toujours pour sa beauté inégalée, sa rareté, et son caractère inaltérable. Ce matériau d'excellence est prisé des joailliers pour la conception de leurs bijoux. Il sublime les pierres précieuses, des créations les plus simples aux plus sophistiquées et s'adapte toujours aux exigences supérieures du monde de la joaillerie.

L'or peut s'étirer (l'outil nommé filière donne les fils), s'aplatir (l'outil donne « le plané » ou surface plate), s'emboutir (l'outil donne des formes rondes, concaves ou convexes) ou être coulé (technique de la fonte à cire perdue).

L'or le plus utilisé en joaillerie est l'or jaune, mais il existe aussi l'or rose et l'or blanc. Le métal or se présente toujours sous trois formes.

L'astuce

Pensez à placer un support en carton rigide sous chaque page de dessin afin de réaliser les modèles avec plus de confort.

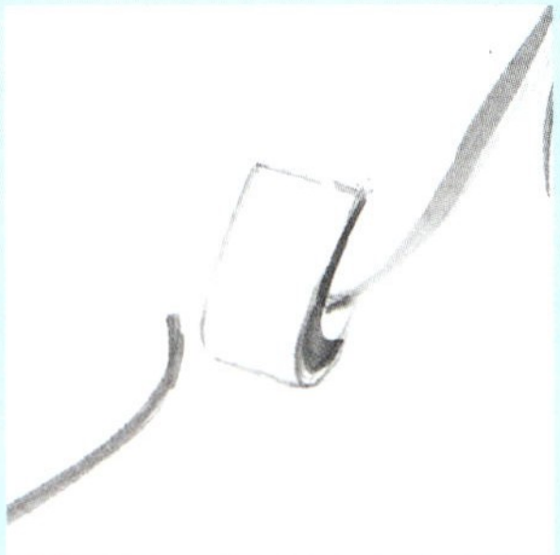

Modèle de plat

Modèle de bombé

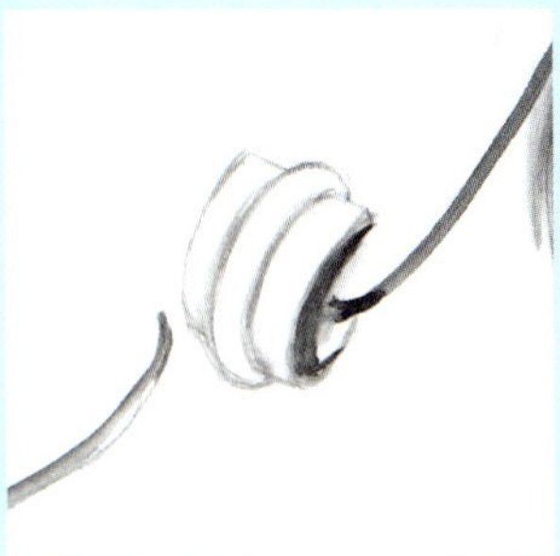

Modèle composante du plat et du bombé

Toutes les créations sont réalisées dans des composantes multiples de ces trois formes élémentaires. L'apprentissage de la mise en couleurs vient sublimer le rendu fidèle de l'or.

Les différentes étapes pour représenter l'or

Chaque modèle est exposé à la lumière ; cette dernière part toujours de la gauche vers la droite. Cette considération est essentielle pour placer judicieusement les zones d'ombre et celles de brillance.

Étape n°1

Passer les contours du bijou au feutre noir fin.

Étape n°2

Avec le pinceau n°2 (petit pinceau), appliquer la technique du « noir en lavis » : tremper le bout du pinceau dans le bol d'eau puis le plonger très légèrement dans la peinture noire. Avec un coup de main léger, recouvrir uniquement les zones d'ombres du modèle. Renforcer un peu plus l'ombre à certains endroits.

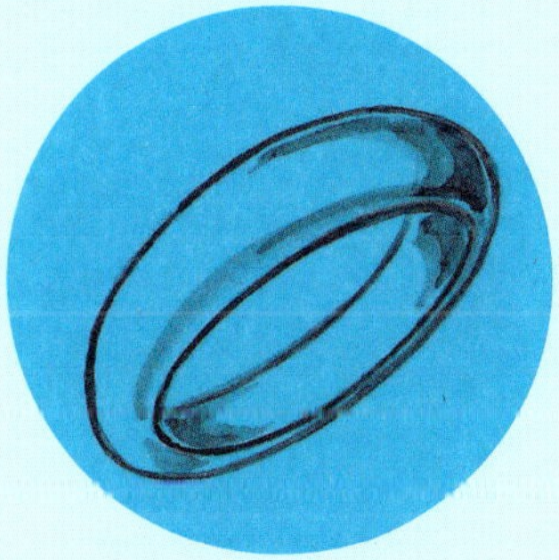

Étape n°3

Tremper subtilement le pinceau n°4 (gros pinceau) dans la peinture ocre jaune. Recouvrir toute la surface du bijou avec ce mélange légèrement déposé sur la pointe du pinceau. Les ombres précédemment créées par la technique du « noir en lavis » sont toujours visibles à travers cette couche de base d'or.

Étape n°4

Retremper le pinceau plus franchement, cette fois dans la peinture couleur jaune d'or et peindre uniquement les zones de lumière, afin de créer du relief.

Étape n°5

Plonger le pinceau n°2 dans la peinture couleur blanc de titane (blanc pur) mélangée à la peinture couleur jaune citron. De manière subtile et jamais en épaisseur, passer le pinceau sur les ultimes zones de brillance essentielles au rendu final. Terminer par les ombres portées, au feutre noir, pour une touche de réalisme final tout en perspective.

Bague anneau bombé

Bague boule

Étape 1

Étape 2

Étape 3

Étape 4

Étape 5

Bague chevalière classique

Étape 1

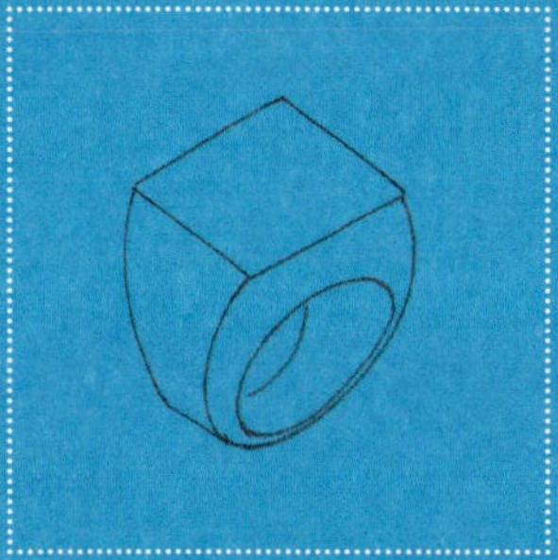

Étape 2

Étape 3

Étape 4

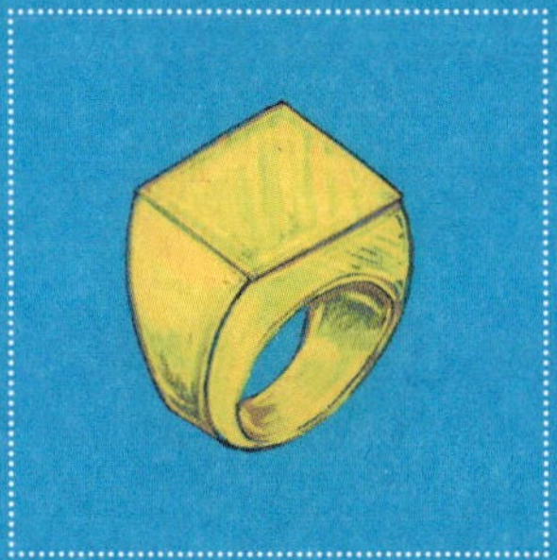

Étape 5

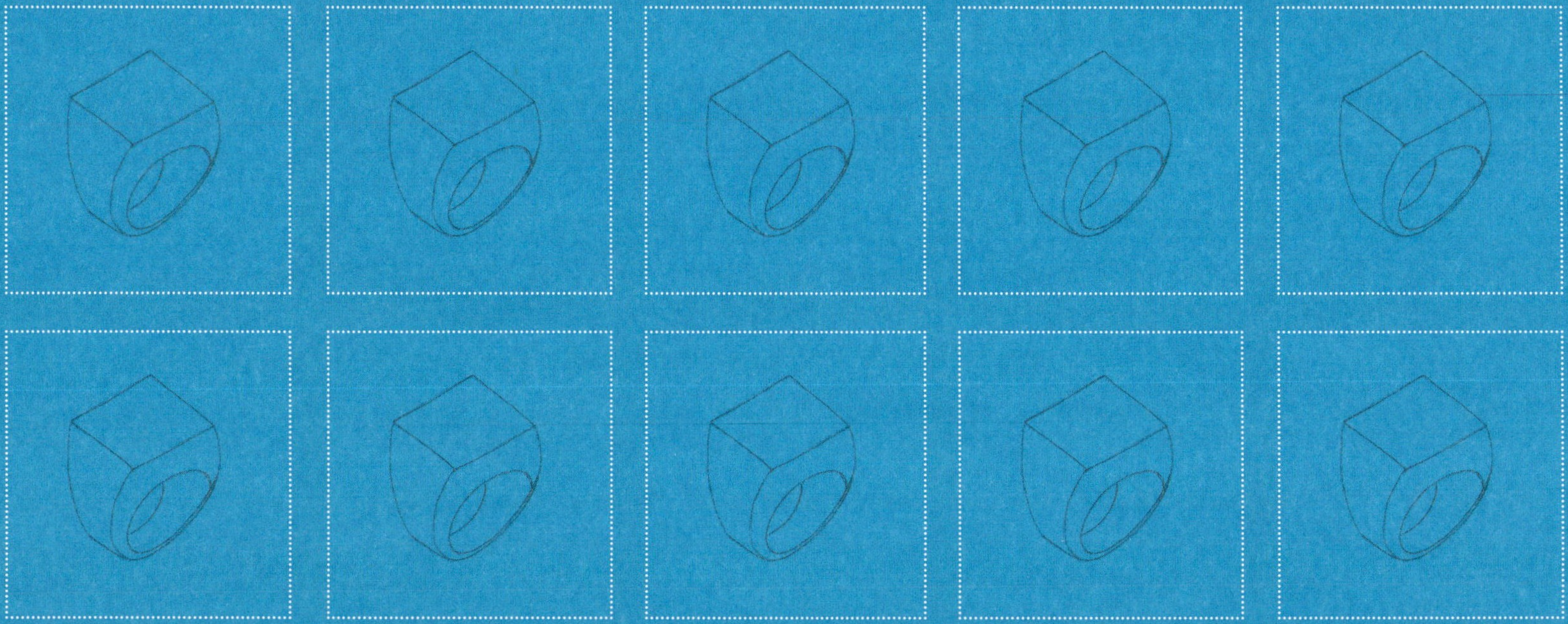

Bague chevalière arrondie triangulaire

Étape 1

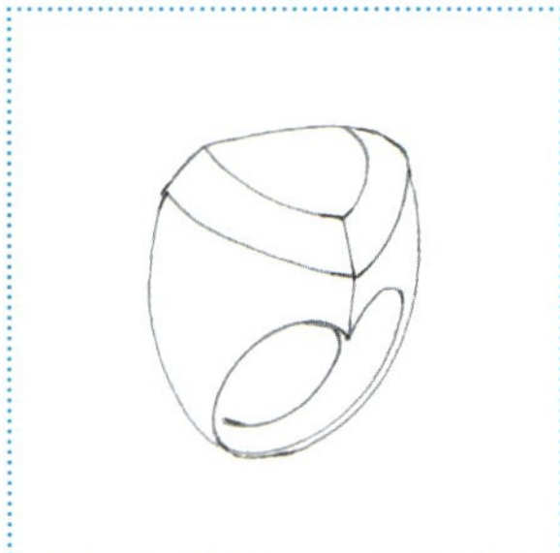

Étape 2

Étape 3

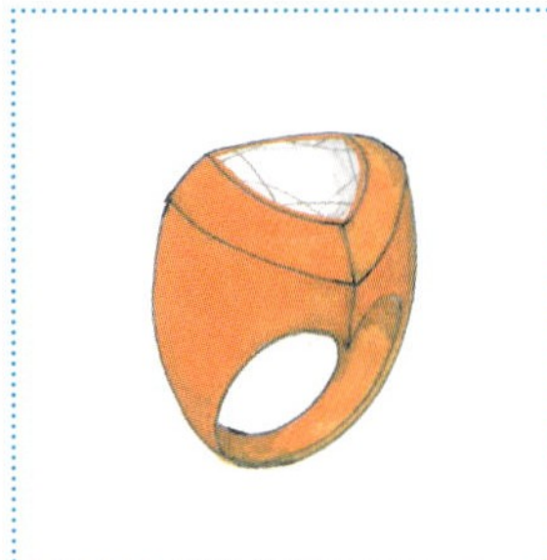

Étape 4

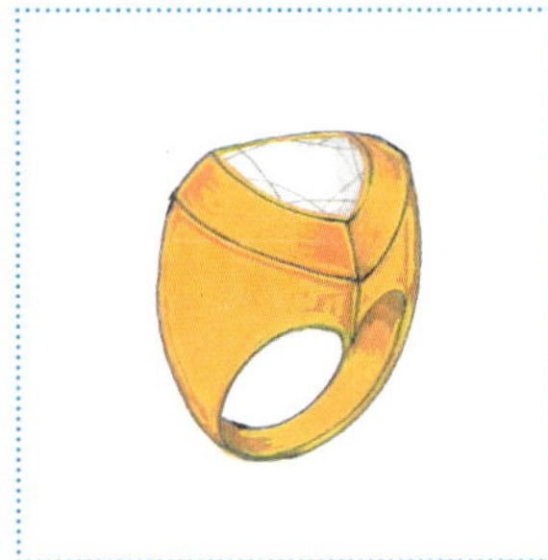

Étape 5

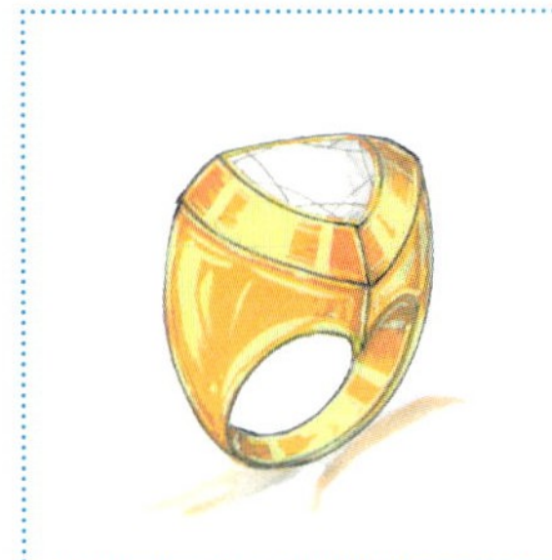

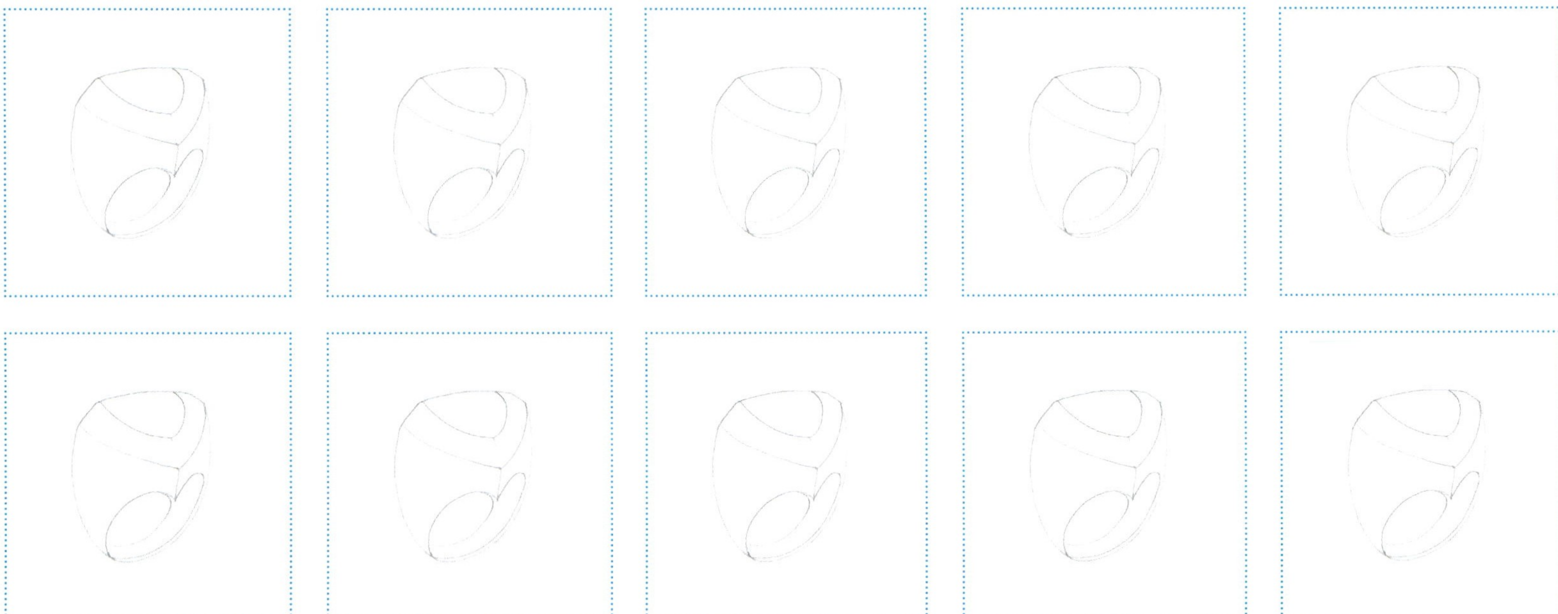

Bague boule très large

Étape 1 | Étape 2 | Étape 3 | Étape 4 | Étape 5

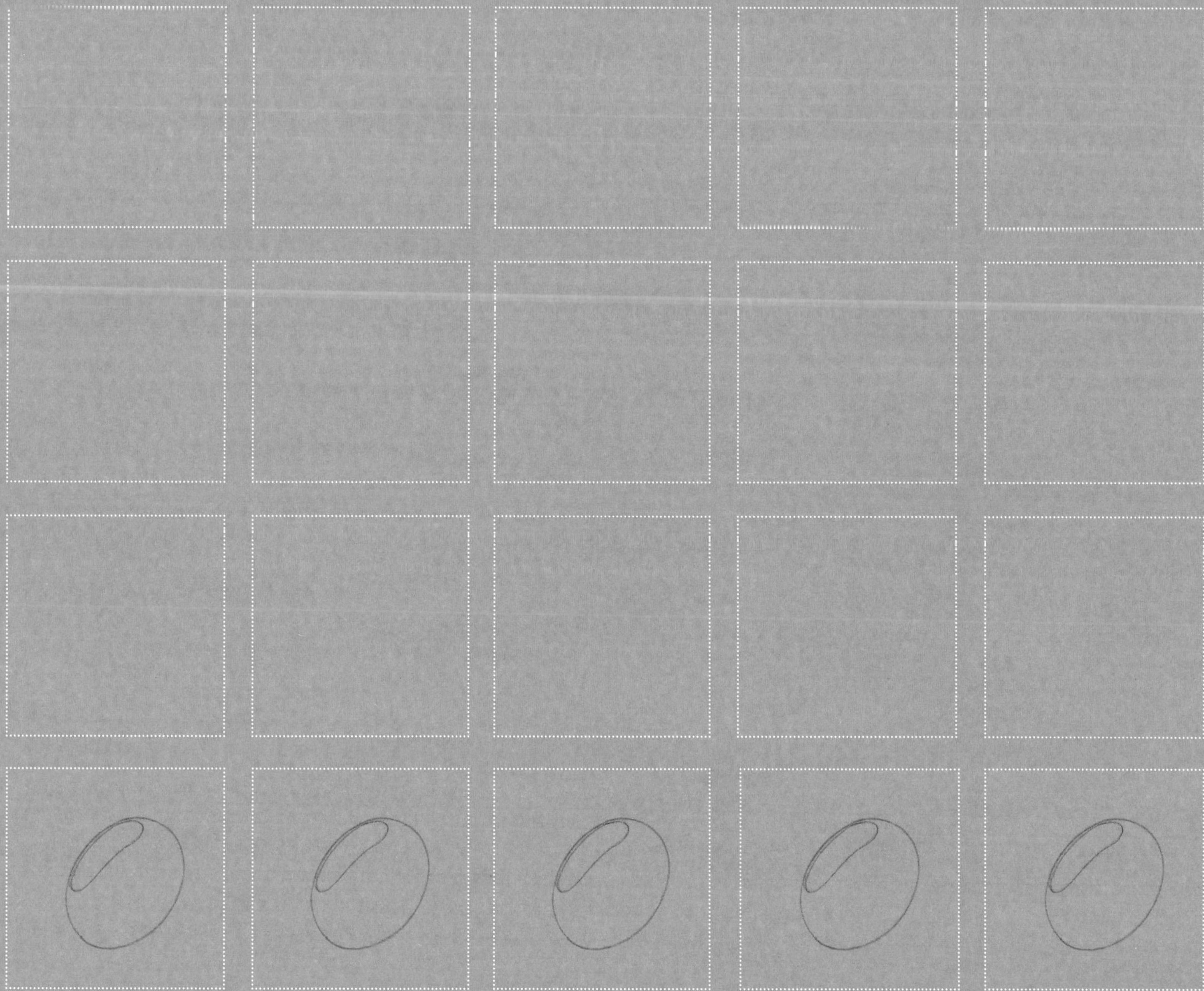

Bague large sertie d'une pierre

Étape 1

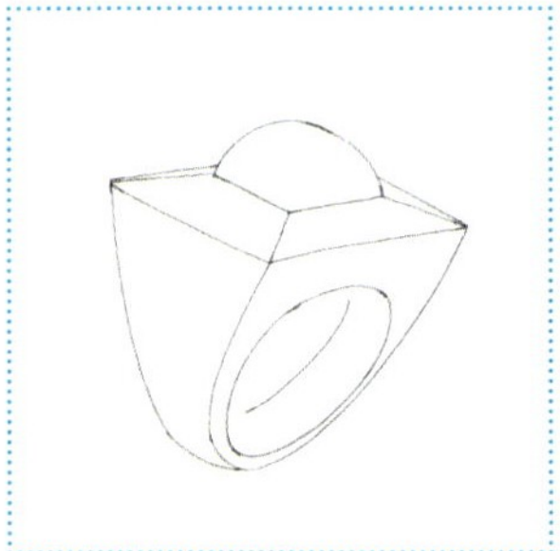

Étape 2

Étape 3

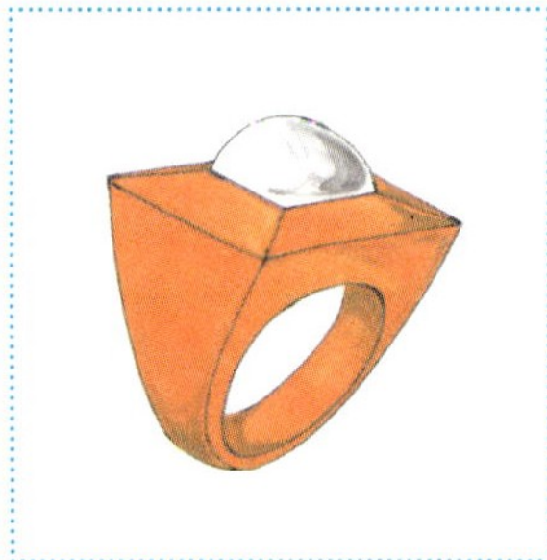

Étape 4

Étape 5

Bague chevalière pyramidale

Étape 1

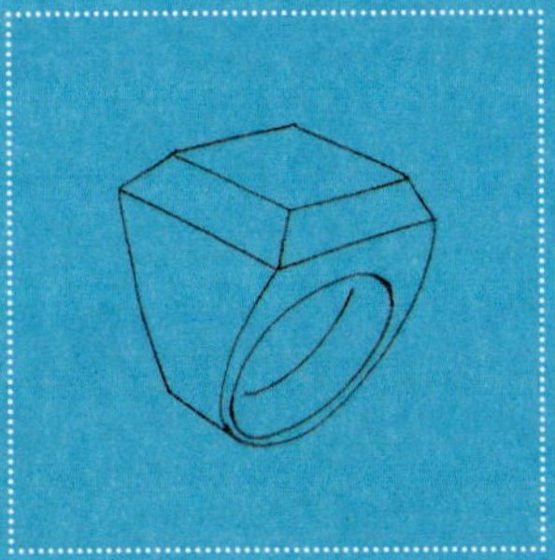

Étape 2

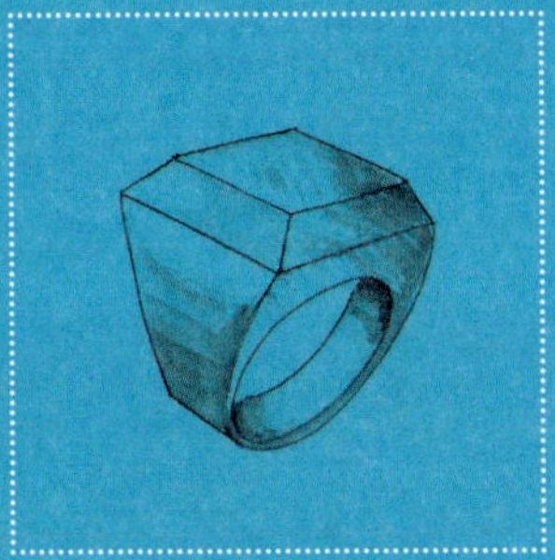

Étape 3

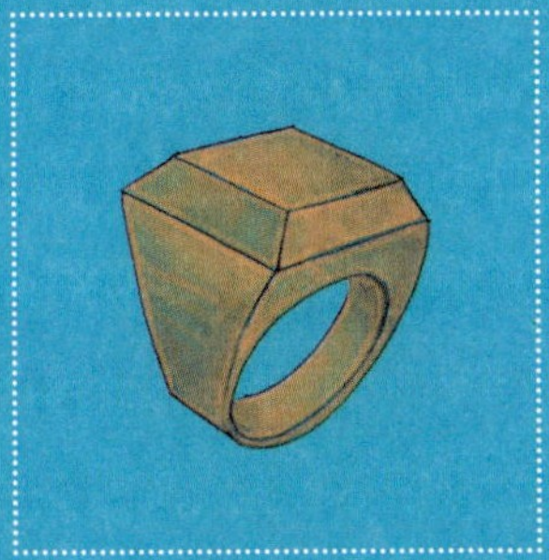

Étape 4

Étape 5

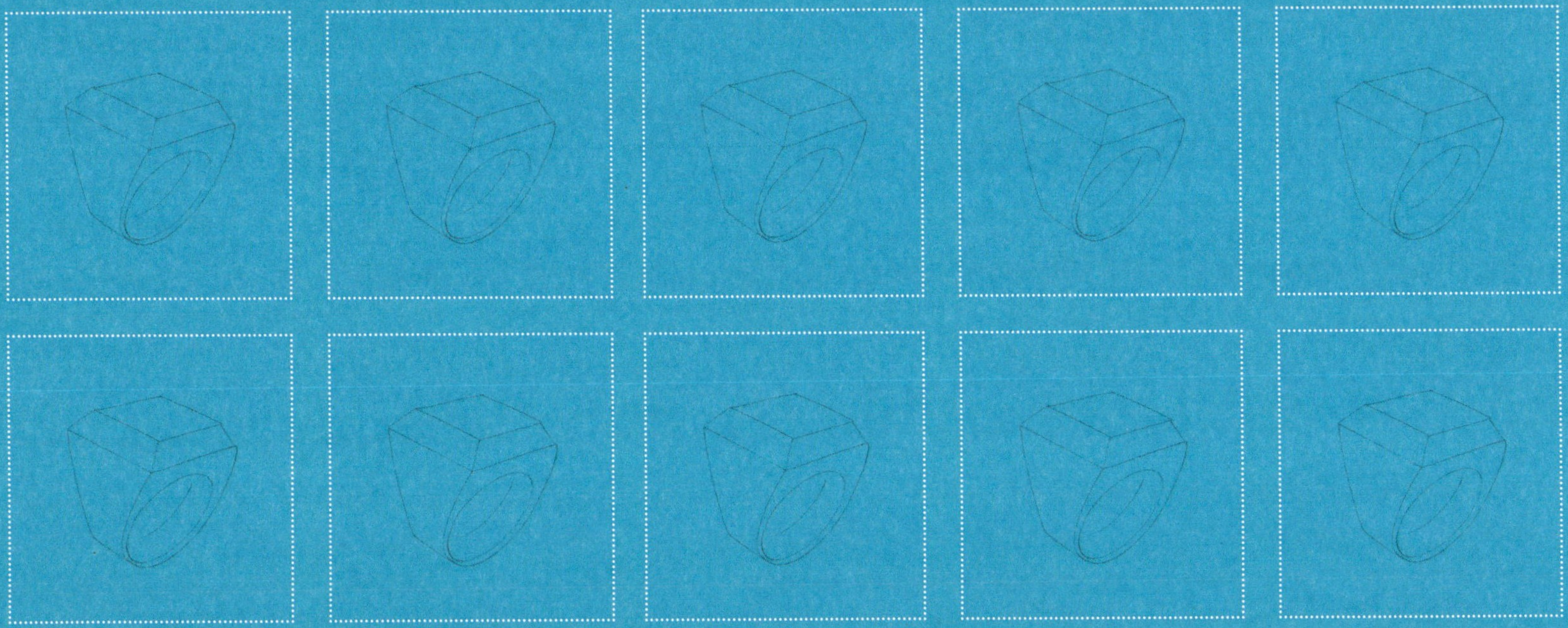

Bague chevalière triangulaire

Étape 1

Étape 2

Étape 3

Étape 4

Étape 5

Bague chevalière godrons et pierre

Étape 1

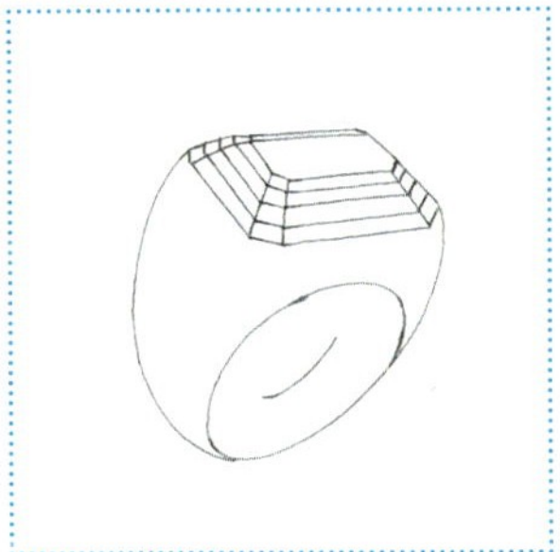

Étape 2

Étape 3

Étape 4

Étape 5

Bague solitaire sertie d'une pierre

Étape 1 | Étape 2 | Étape 3 | Étape 4 | Étape 5

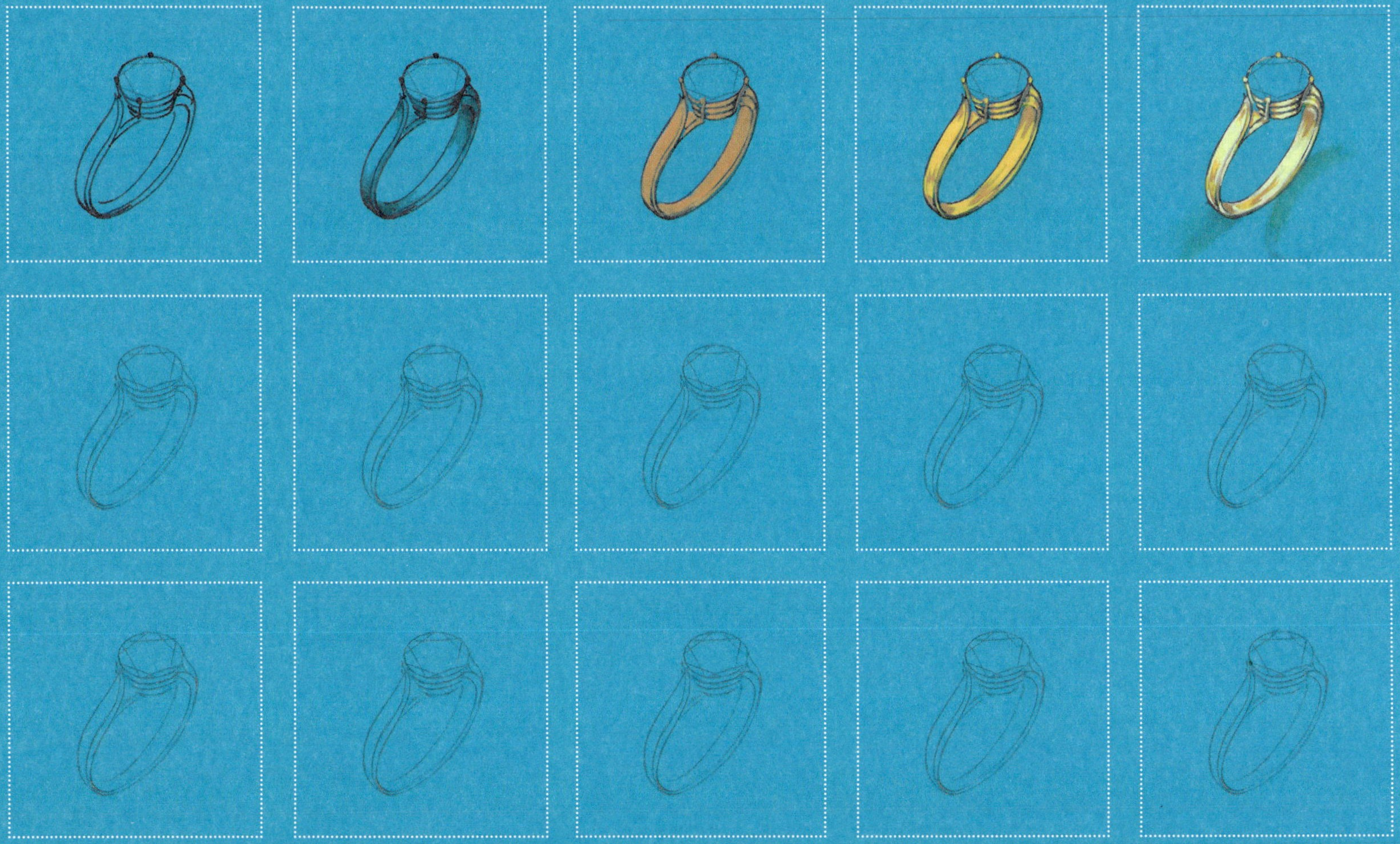

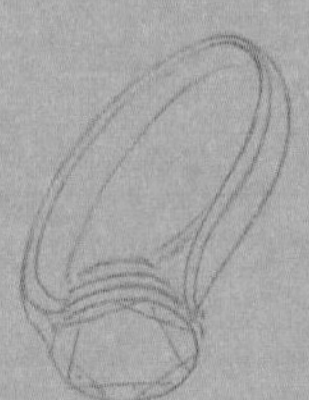
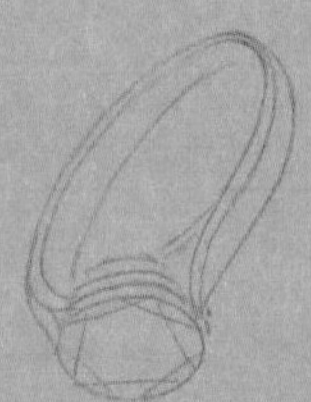
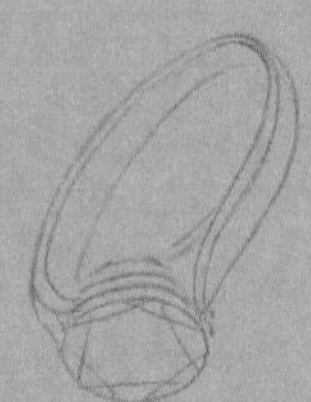
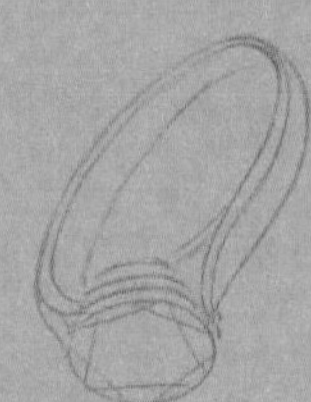
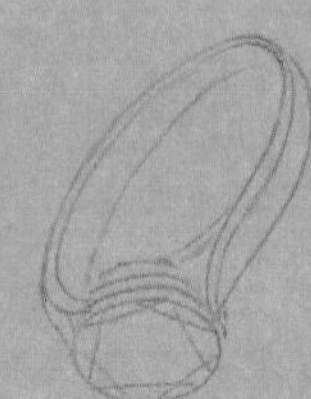

Bague bombée sertie d'une pierre

Étape 1

Étape 2

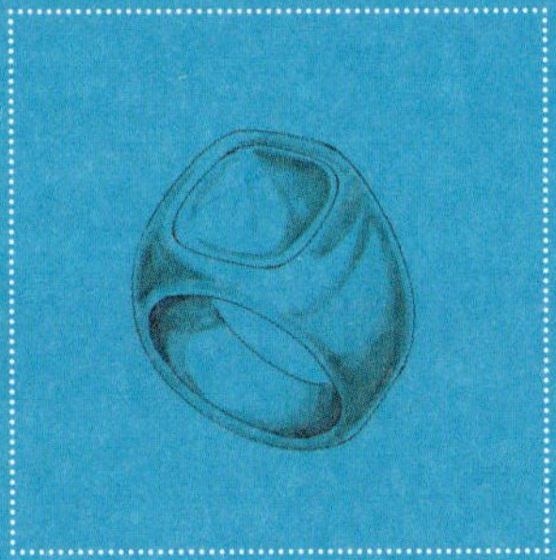

Étape 3

Étape 4

Étape 5

Boucle d'oreille créole plate

Étape 1 Étape 2 Étape 3 Étape 4 Étape 5

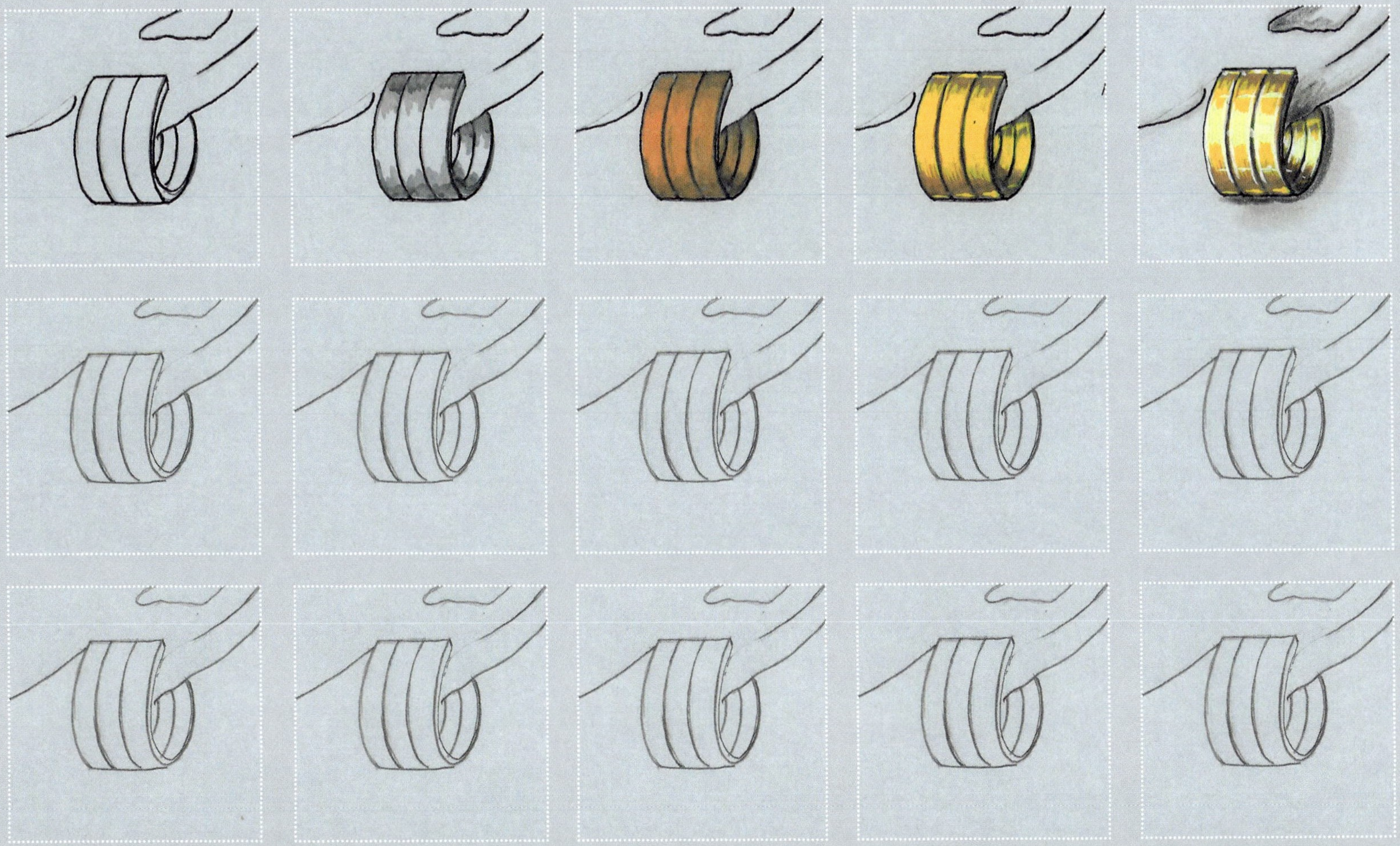

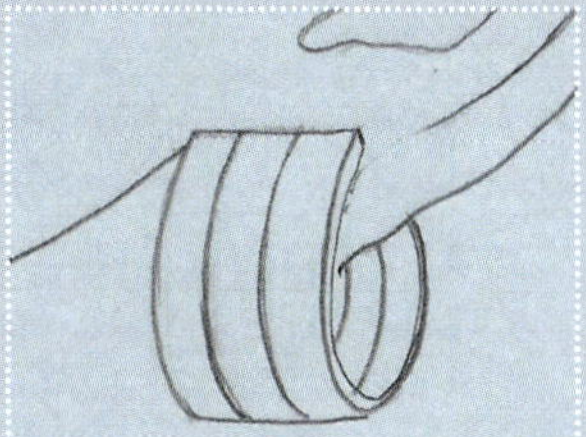
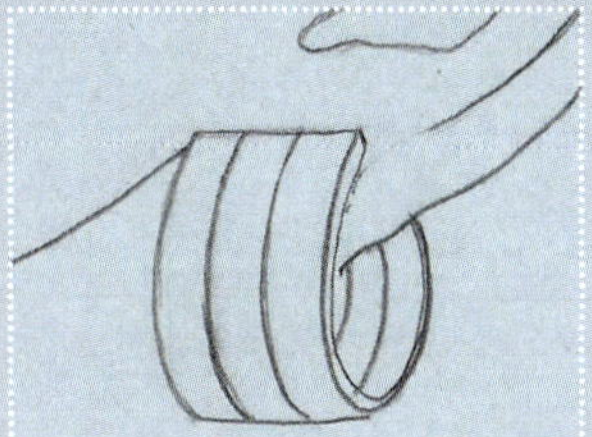
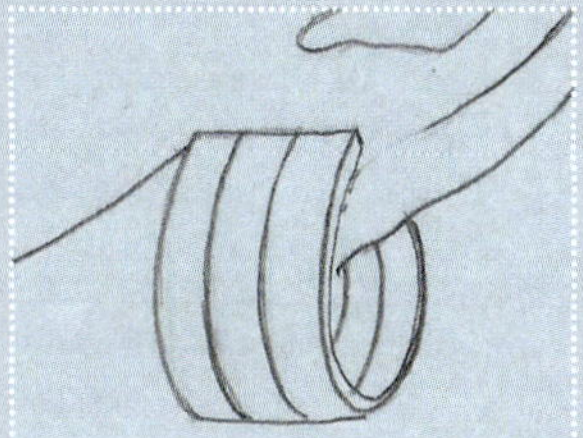
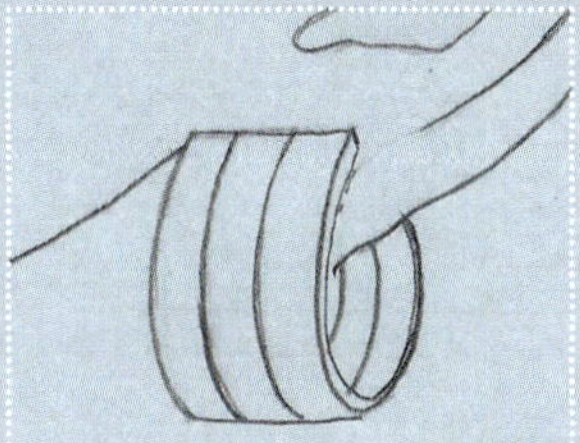
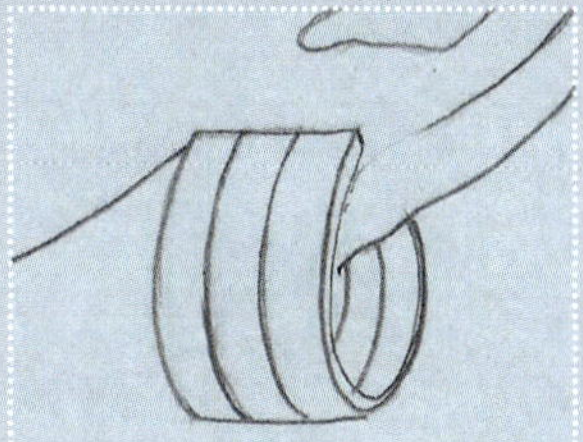

Boucle d'oreille feuille de chêne

Étape 1 Étape 2 Étape 3 Étape 4 Étape 5

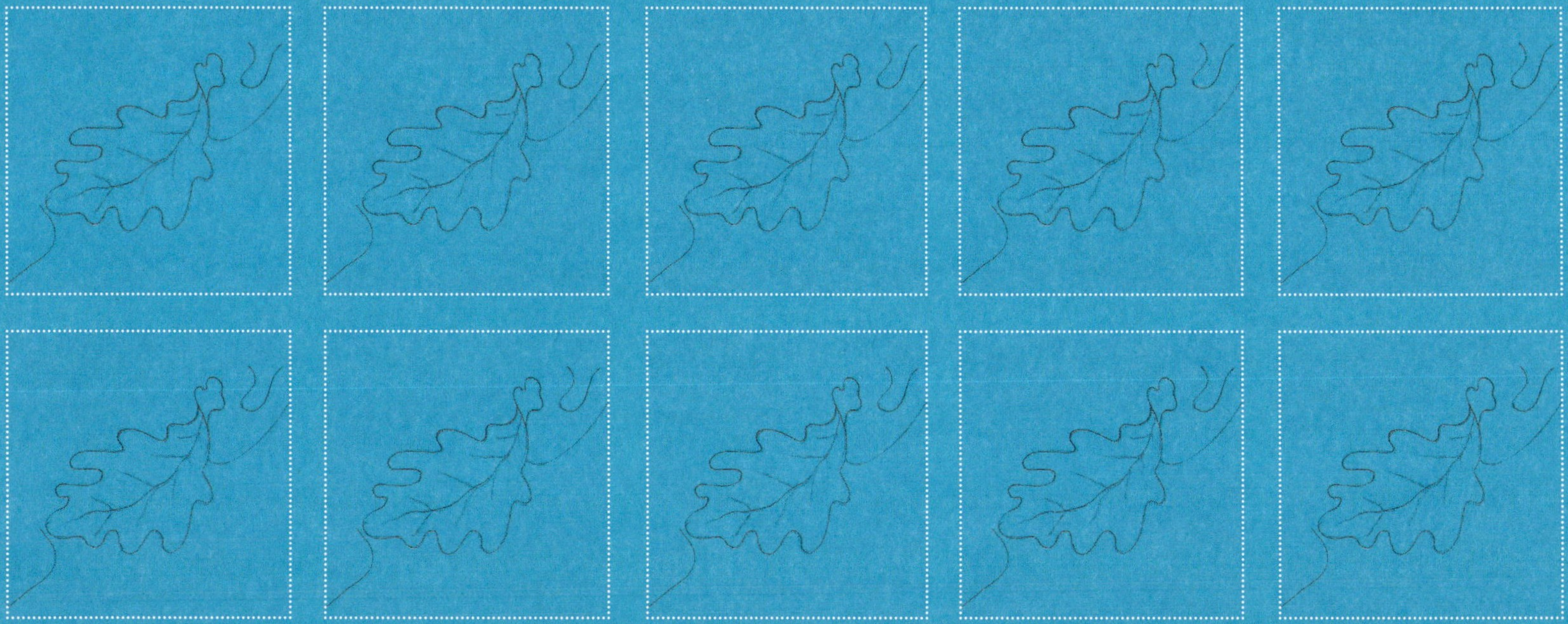

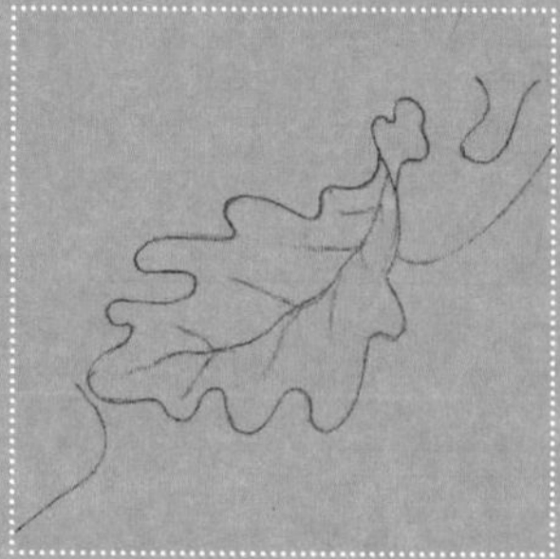
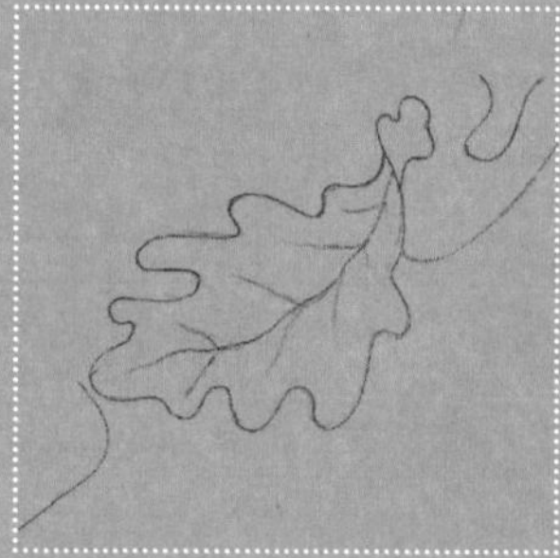
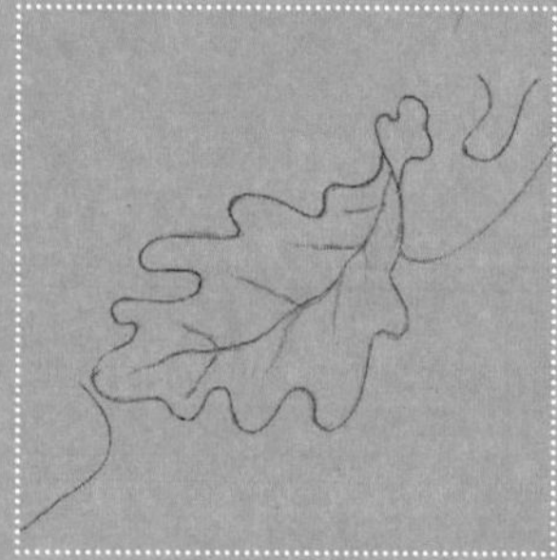
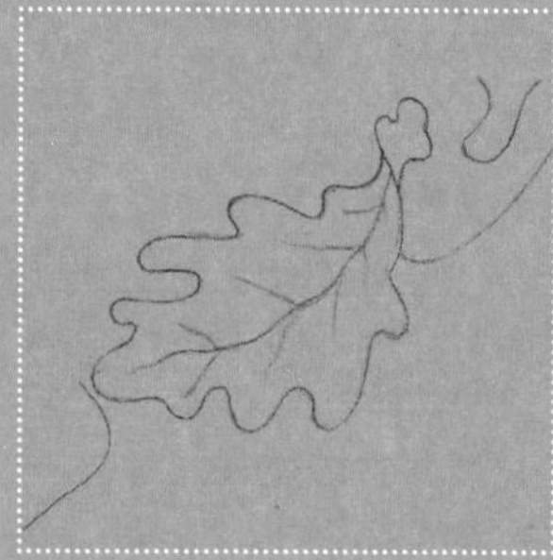
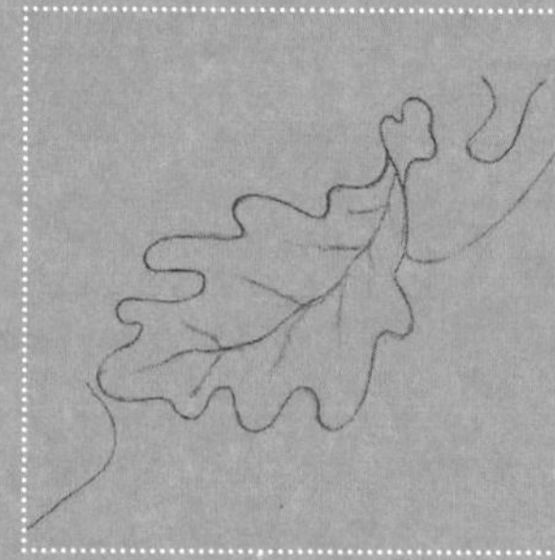

Boucle d'oreille torsadée

Étape 1

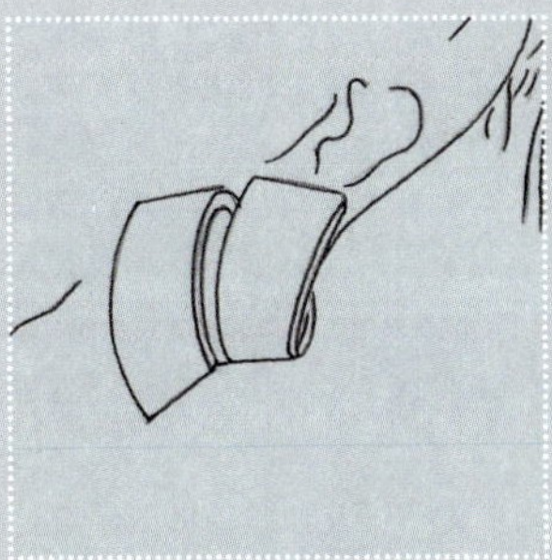

Étape 2

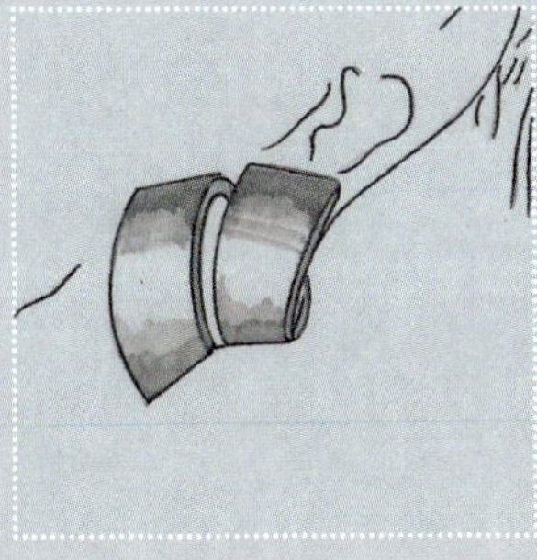

Étape 3

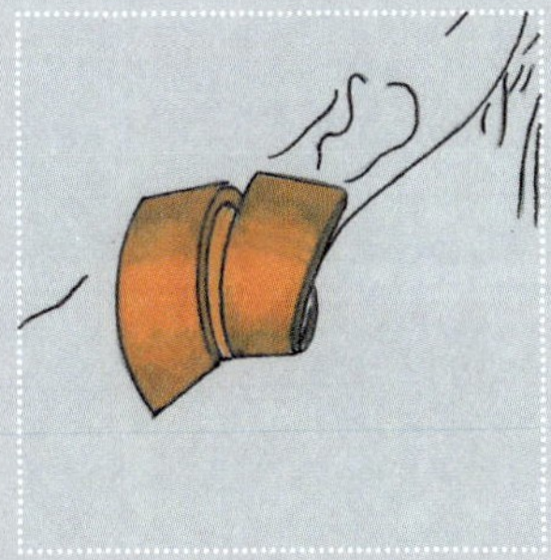

Étape 4

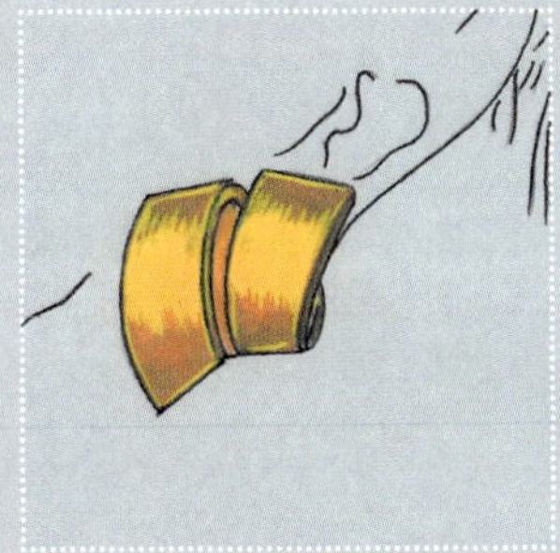

Étape 5

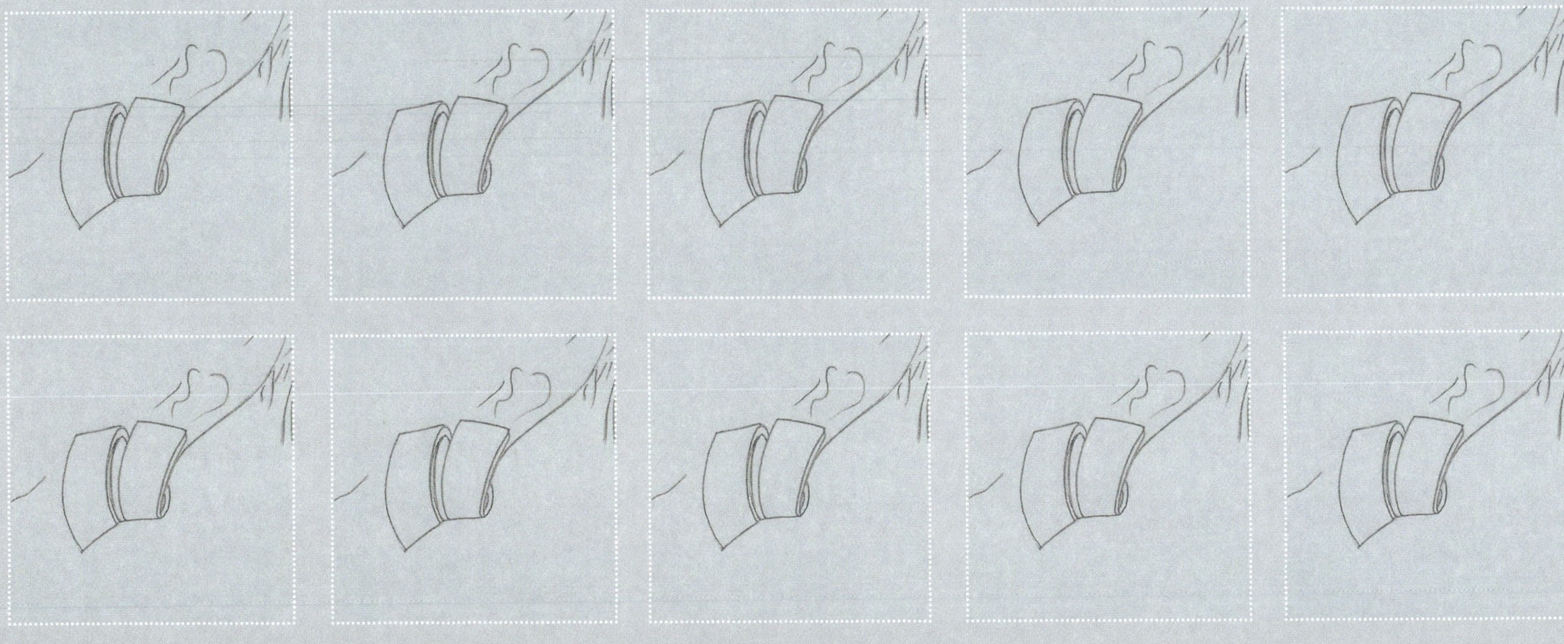

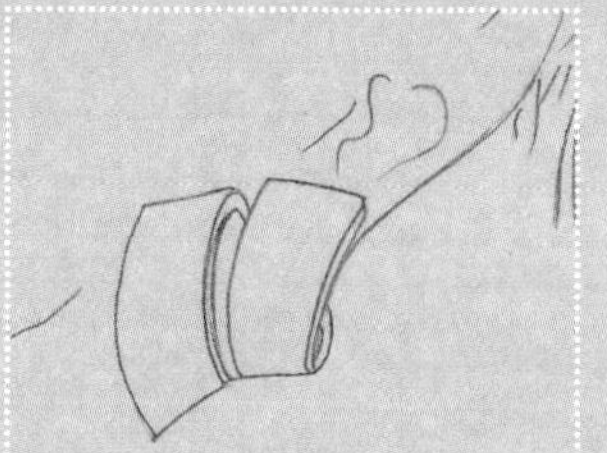

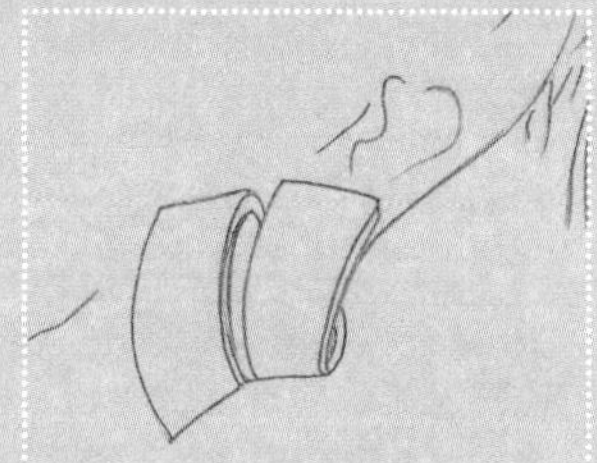
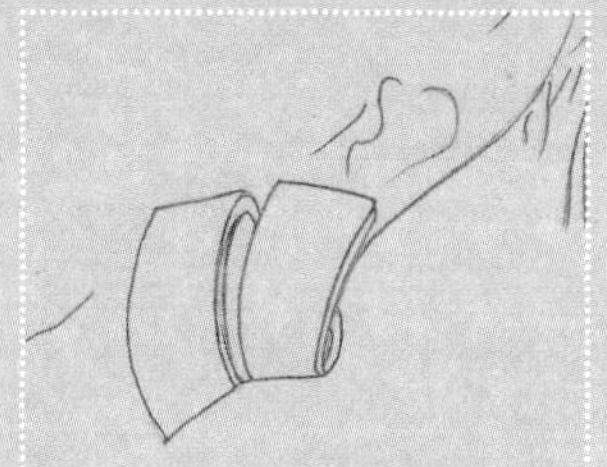
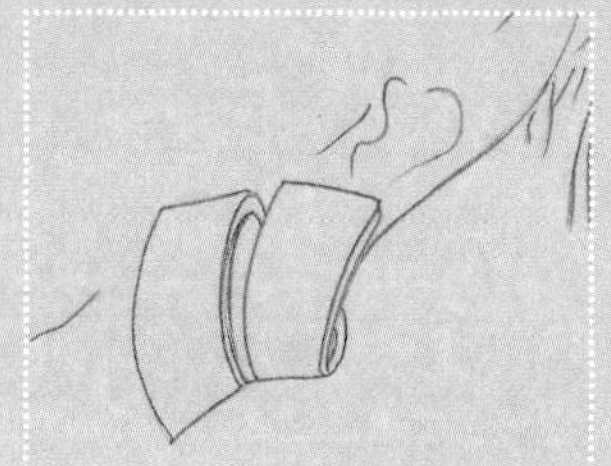

Boucle d'oreille trois glands

Étape 1

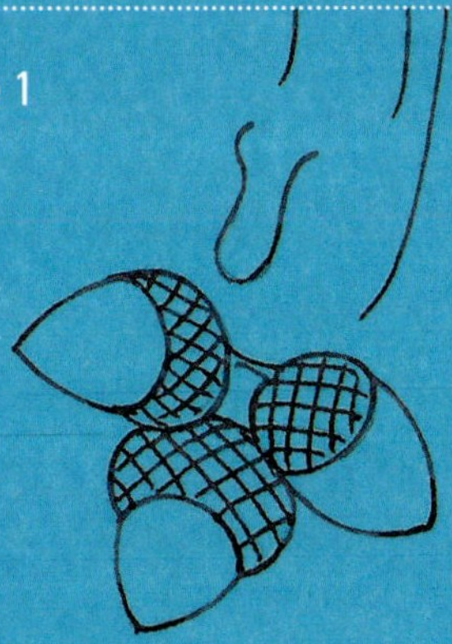

Étape 2

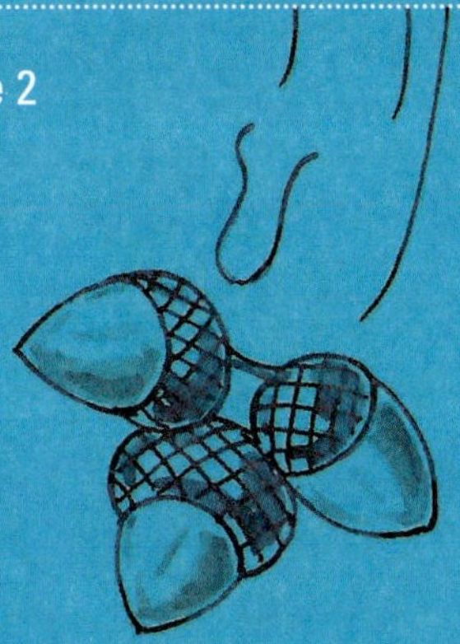

Étape 3

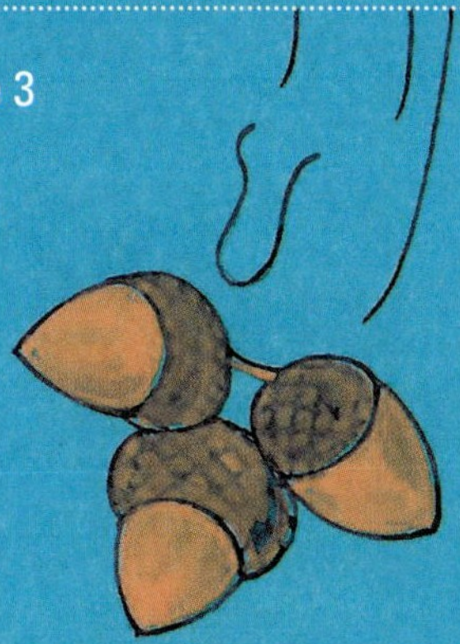

Étape 4

Étape 5

Boucle d'oreille à pampilles navettes

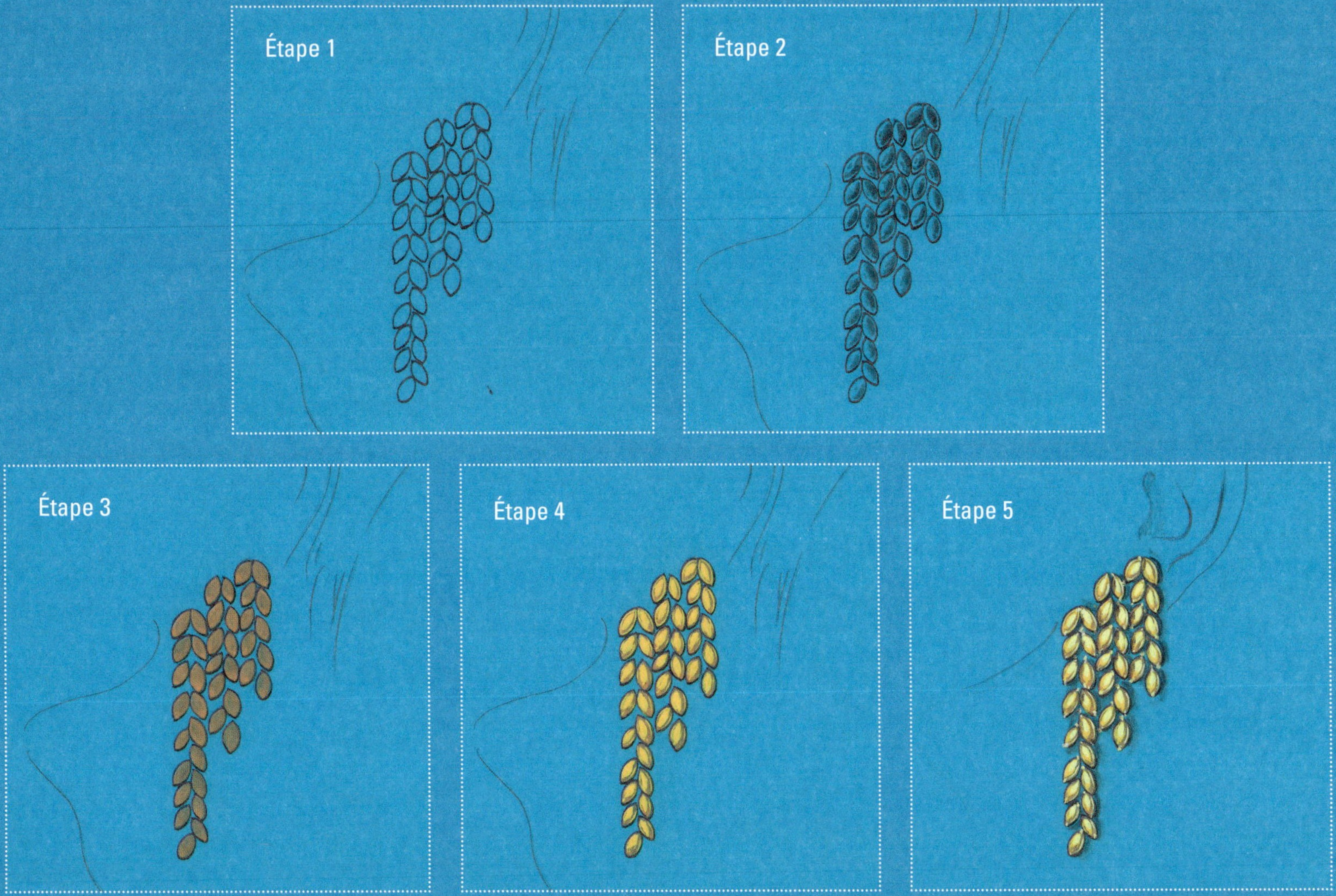

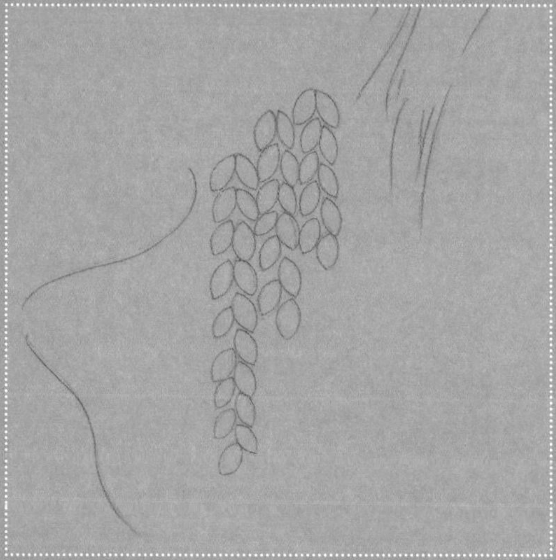

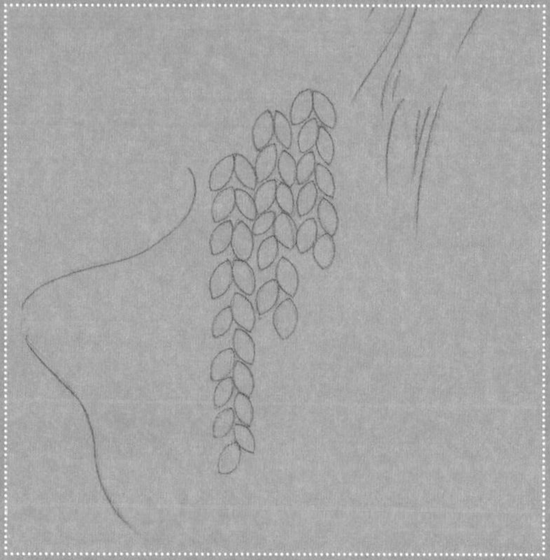

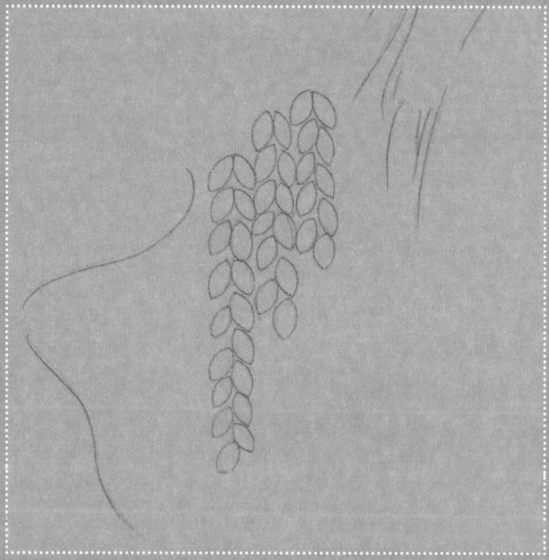

Boucle d'oreille pendentif boule

Étape 1

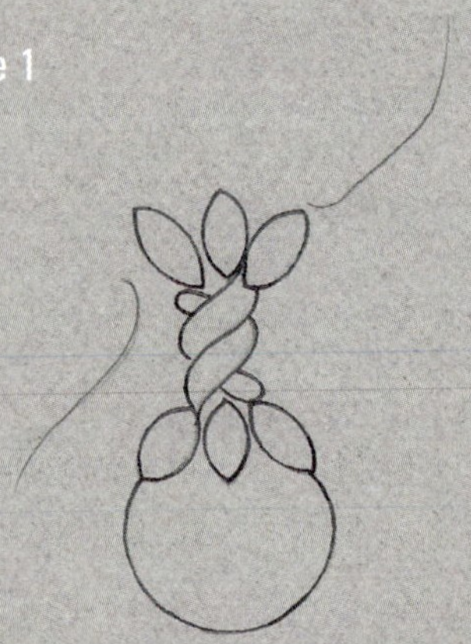

Étape 2

Étape 3

Étape 4

Étape 5

Boucle d'oreille pendentif boule à motifs

Étape 1

Étape 2

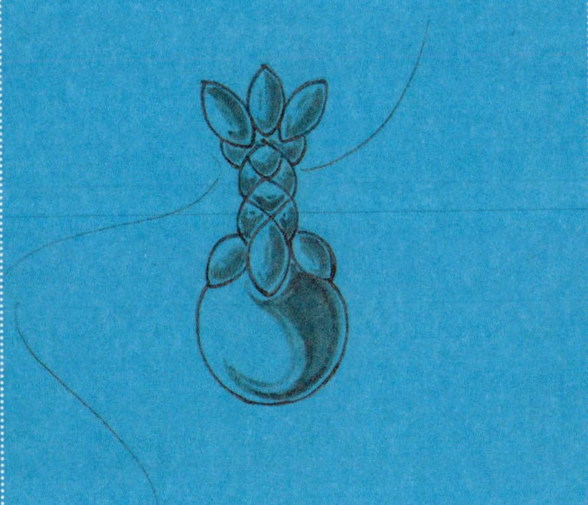

Étape 3

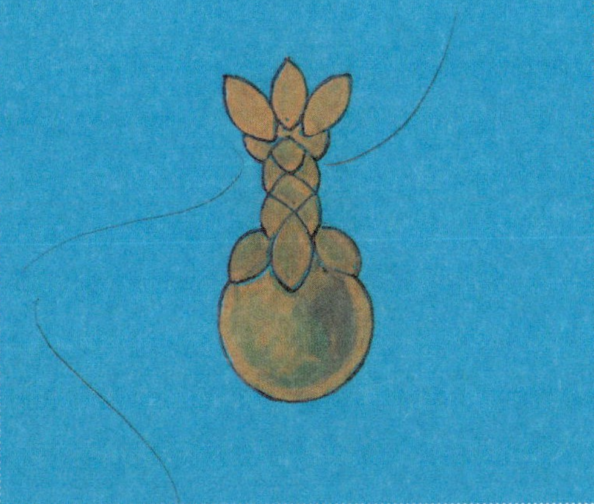

Étape 4

Étape 5

Boucle d'oreille à pampilles épis

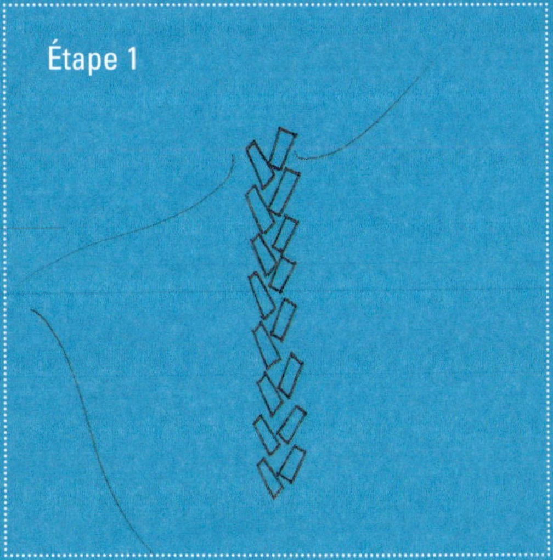

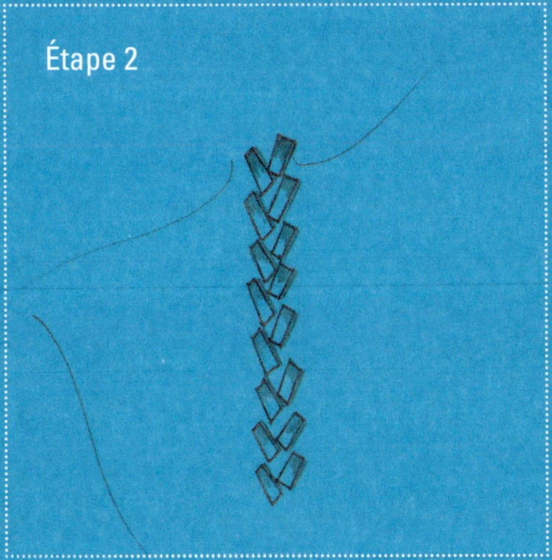

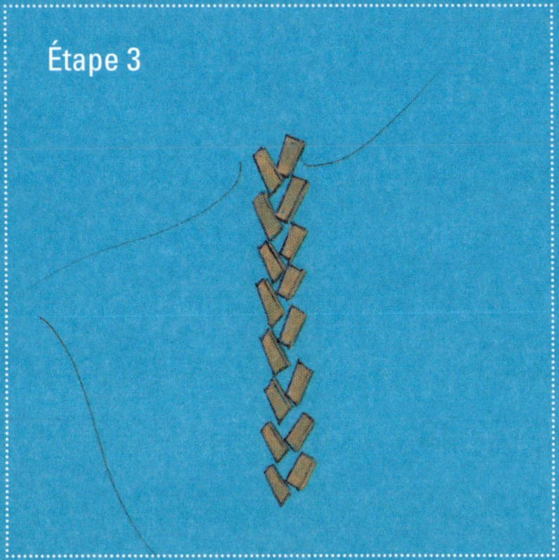

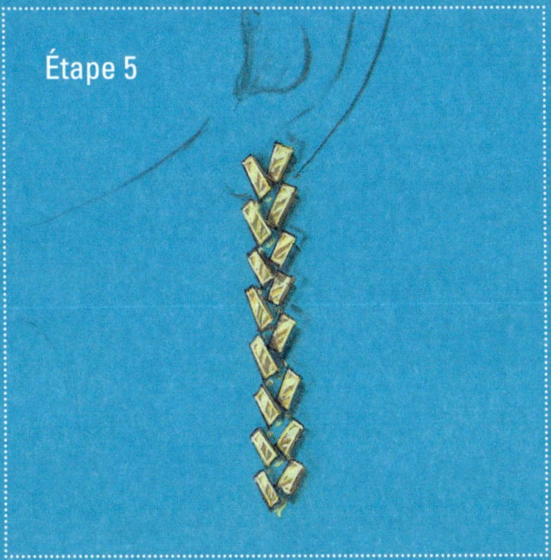

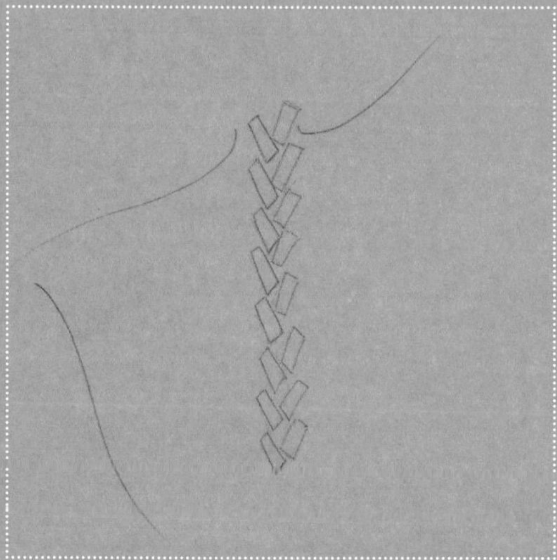
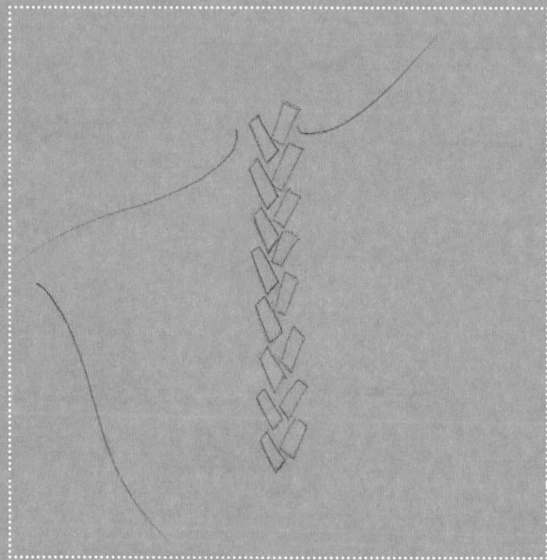
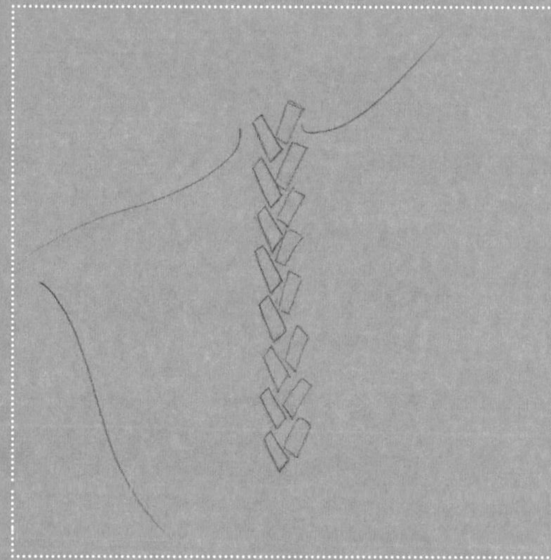

Boucle d'oreille feuilles dentelées

Étape 1

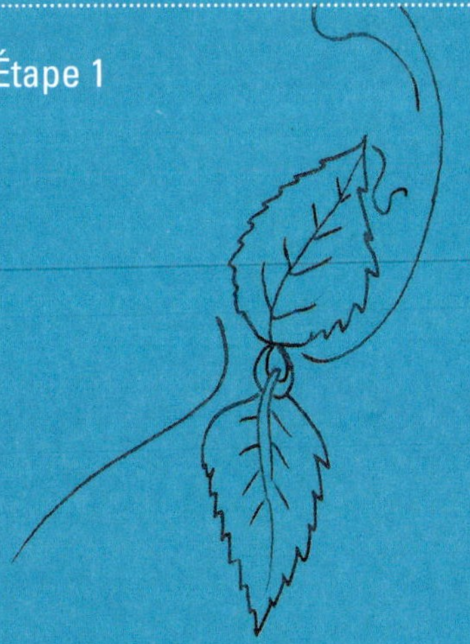

Étape 2

Étape 3

Étape 4

Étape 5

Boucle d'oreille anneaux et godrons

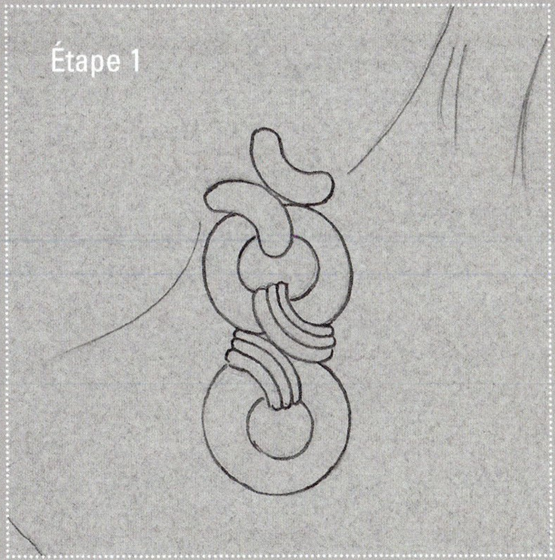

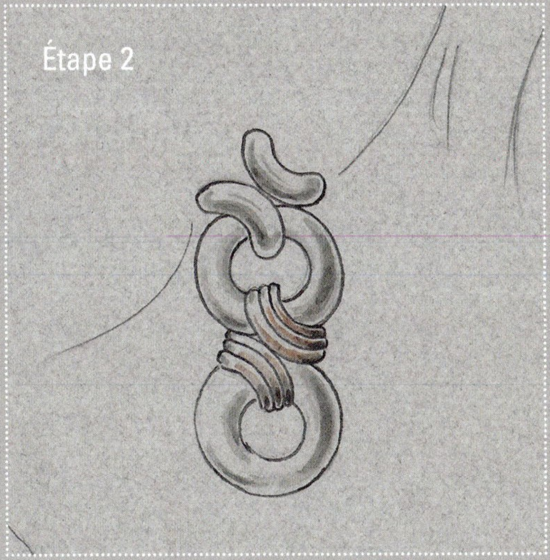

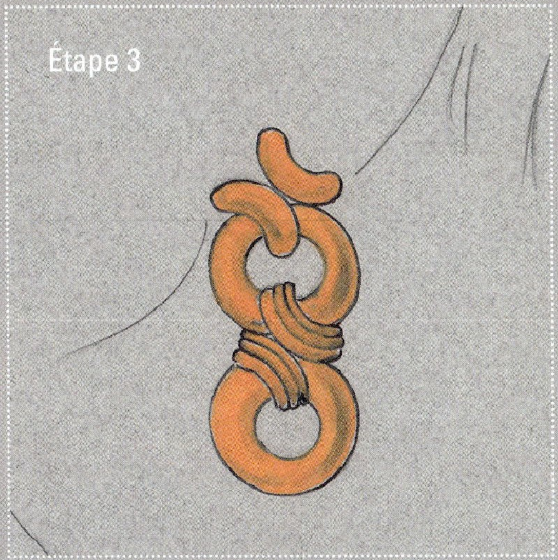

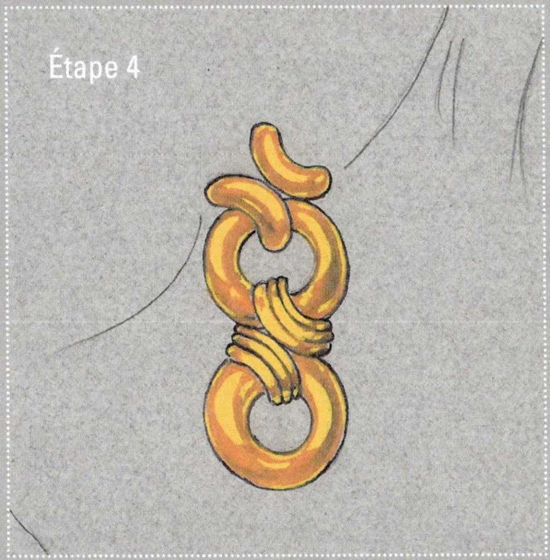

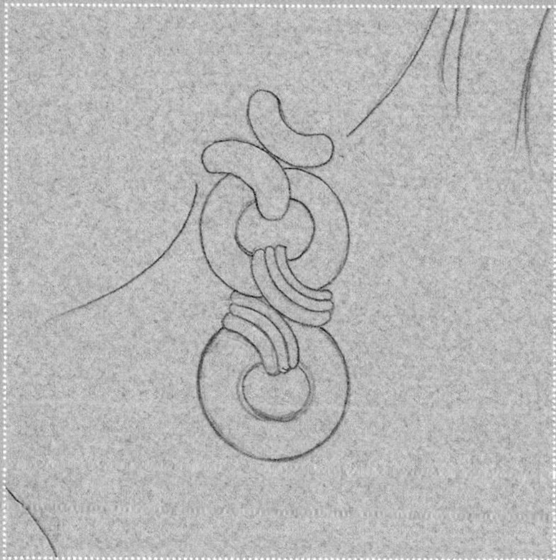
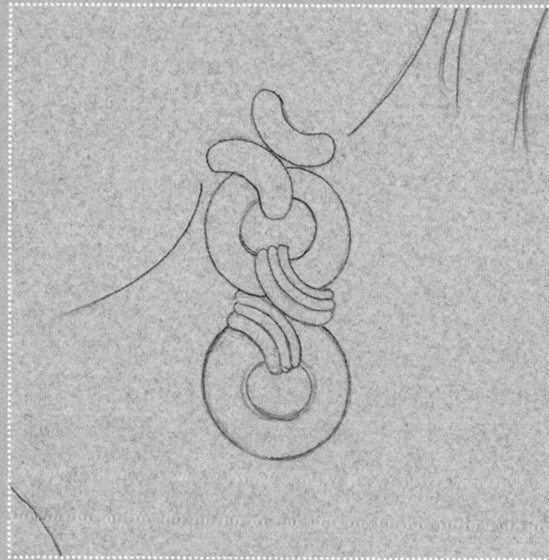
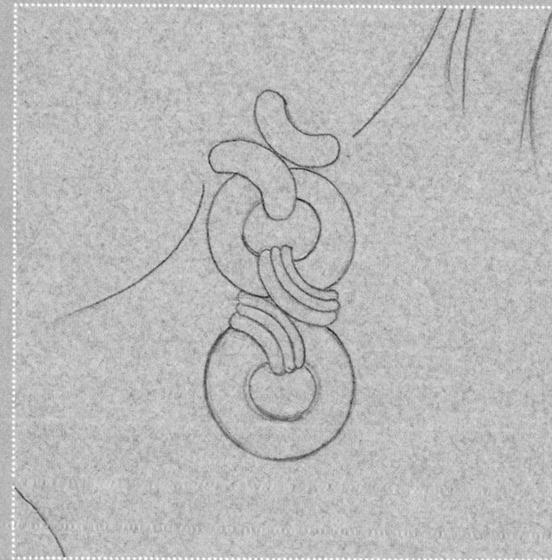

Boucle d'oreille feuilles de chêne et glands

Étape 1

Étape 2

Étape 3

Étape 4

Étape 5

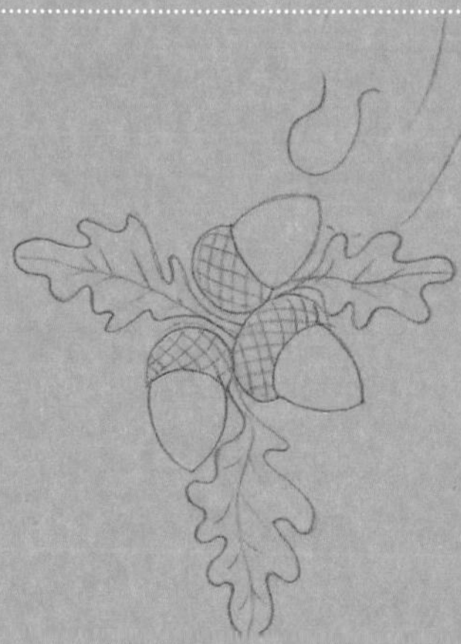

Boucle d'oreille anneau torsadé et bombé

Étape 1

Étape 2

Étape 3

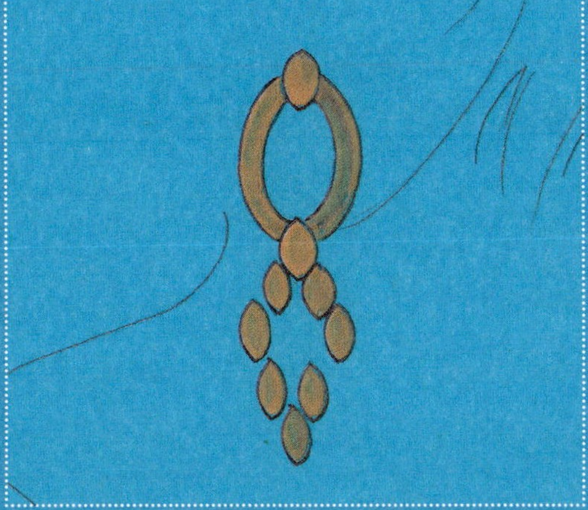

Étape 4

Étape 5

Bracelet anneau torsadé et bombé

Étape 1

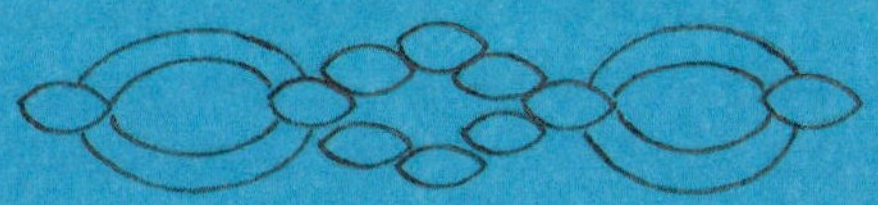

Étape 2

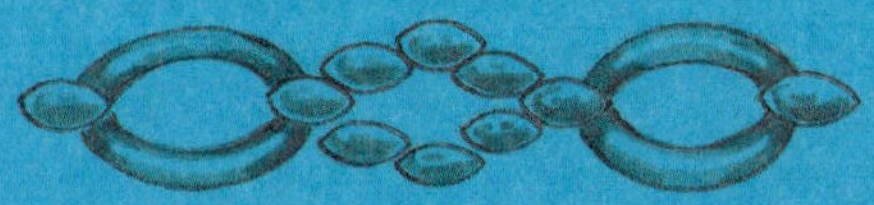

Étape 3

Étape 4

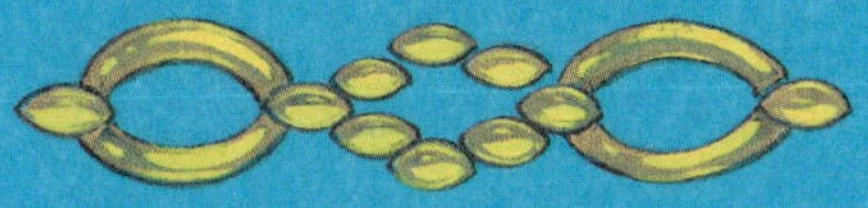

Étape 5

Bracelet godrons et anneau

Étape 1

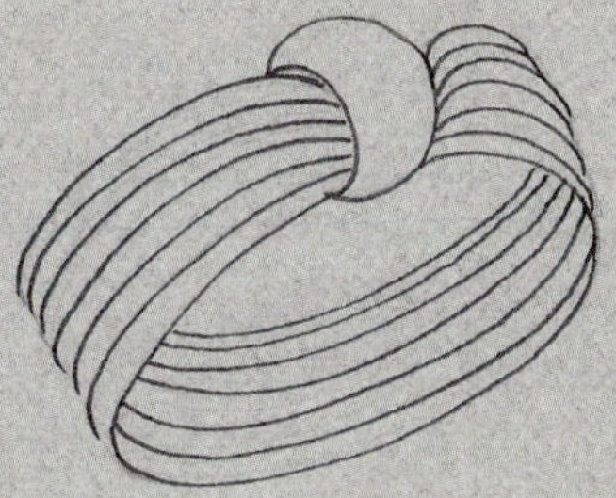

Étape 2

Étape 3

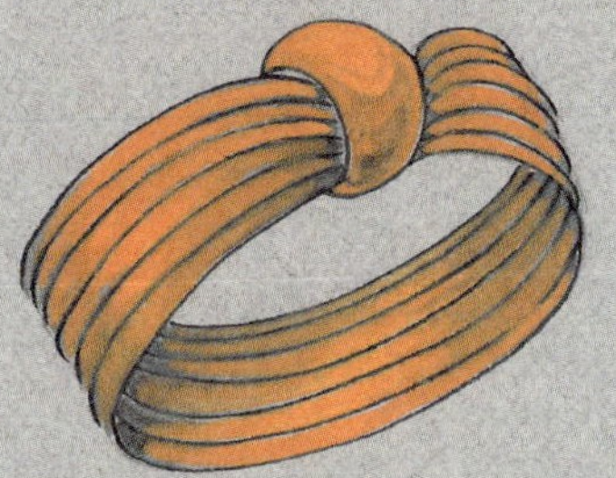

Étape 4

Étape 5

Bracelet godrons bombés

Étape 1

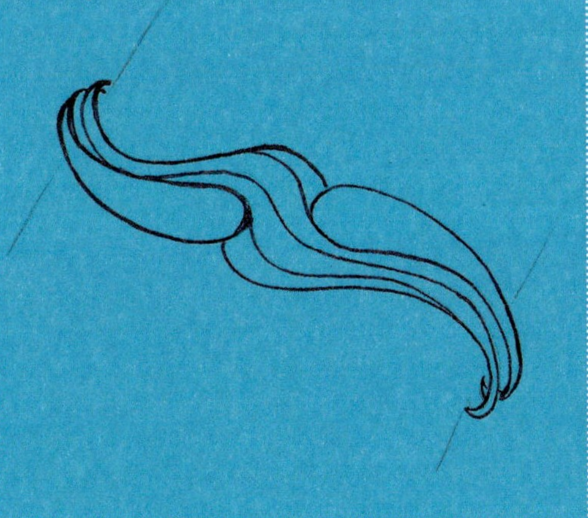

Étape 2

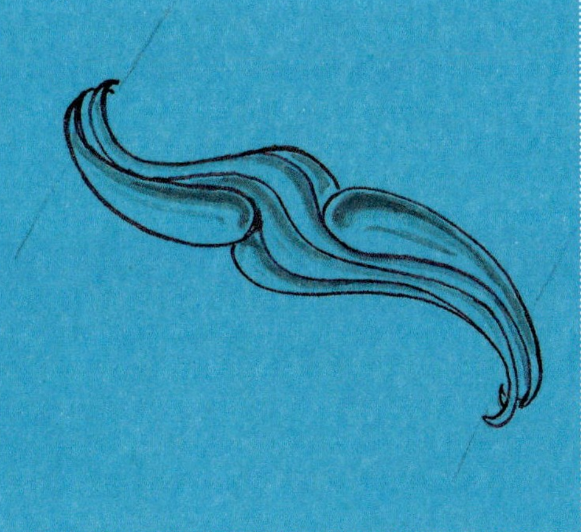

Étape 3

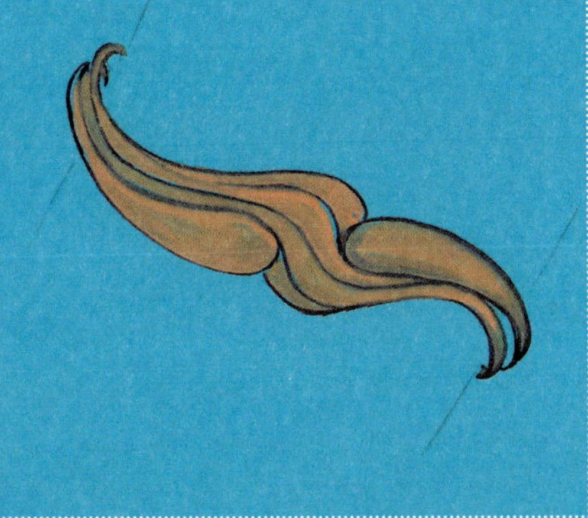

Étape 4

Étape 5

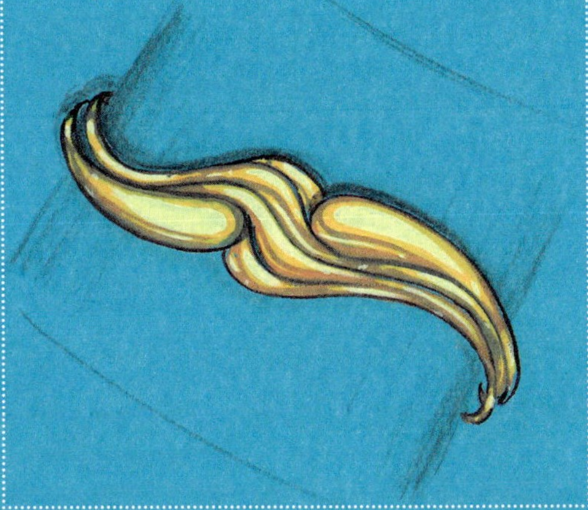

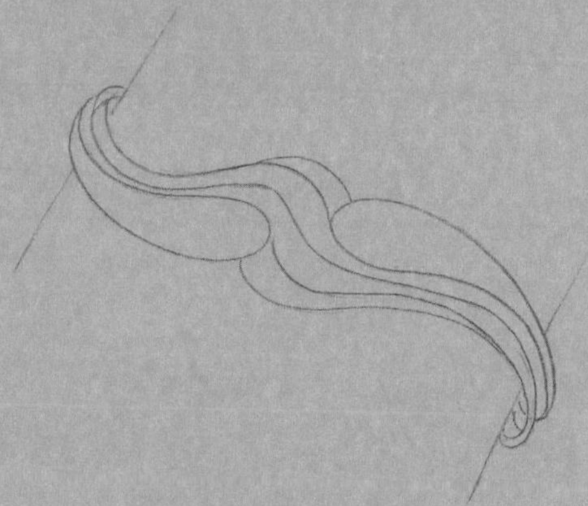

Bracelet manchette à lacets

Étape 1

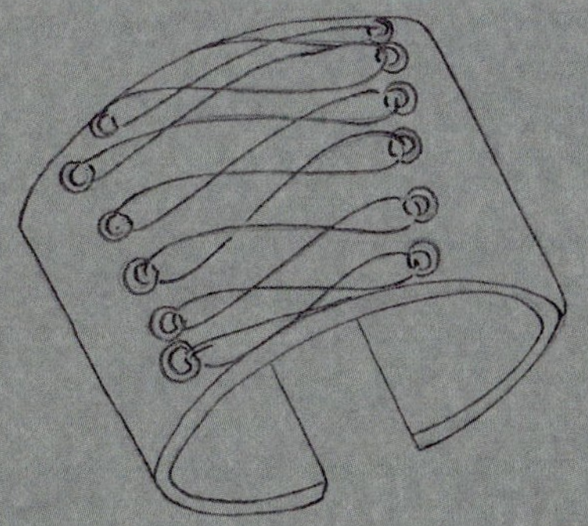

Étape 2

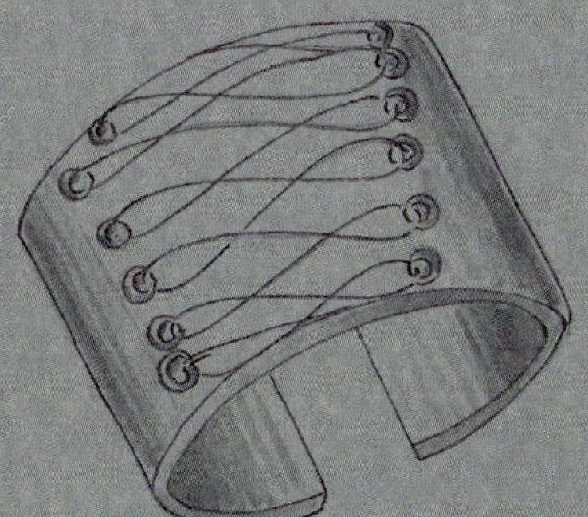

Étape 3

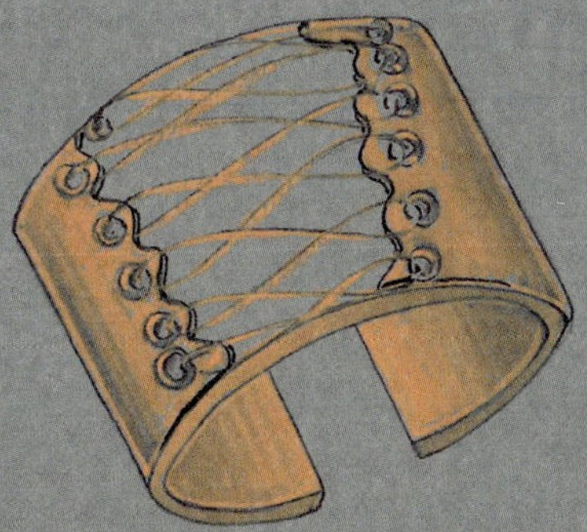

Étape 4

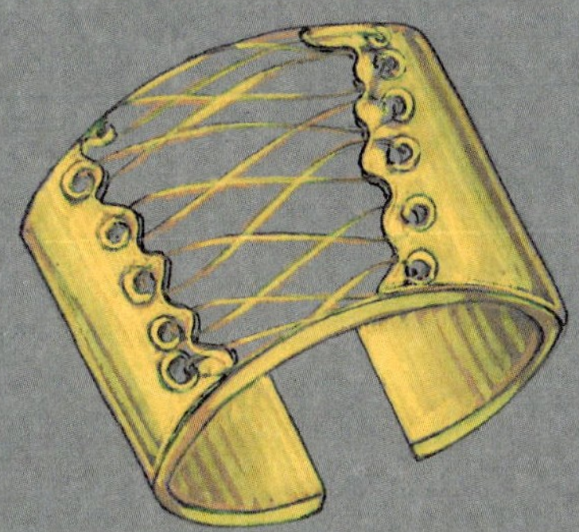

Étape 5

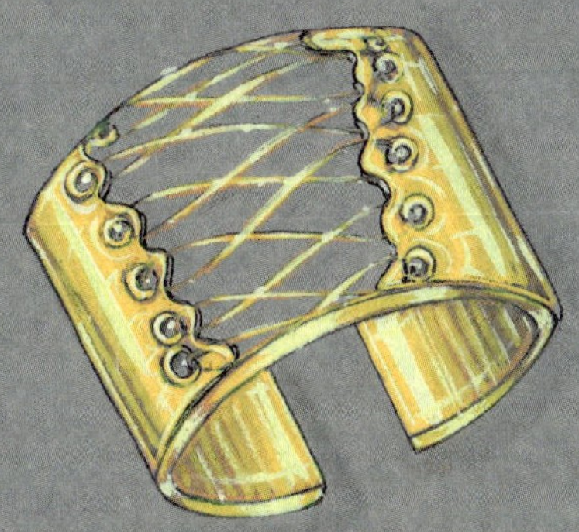

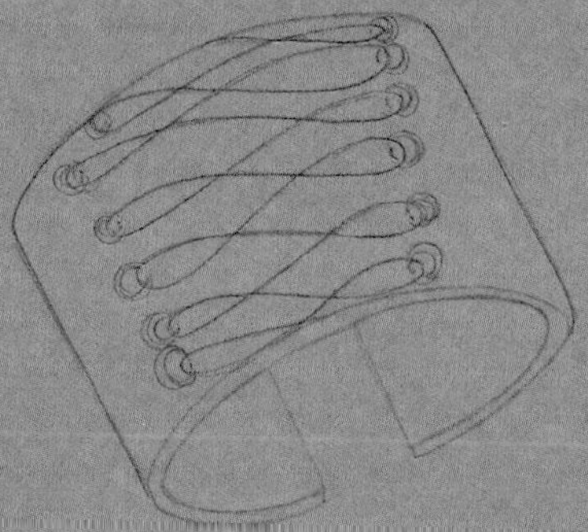

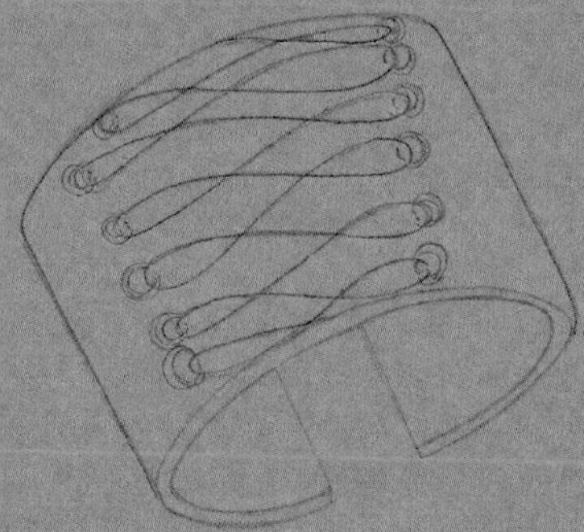

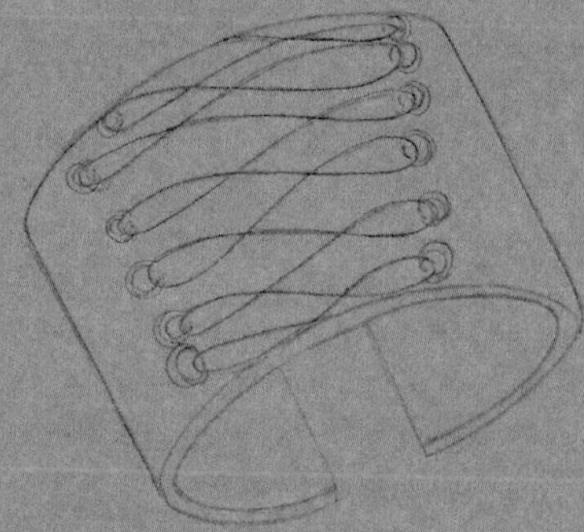

Bracelet torsadé

Étape 1

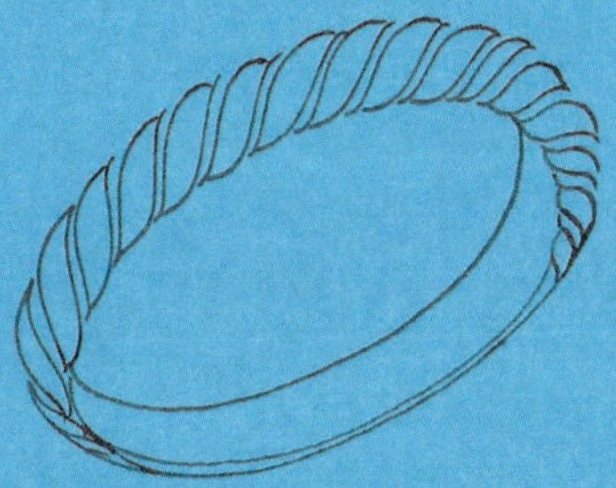

Étape 2

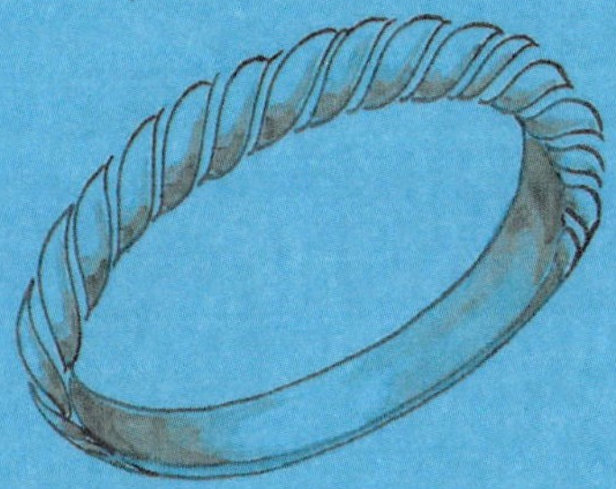

Étape 3

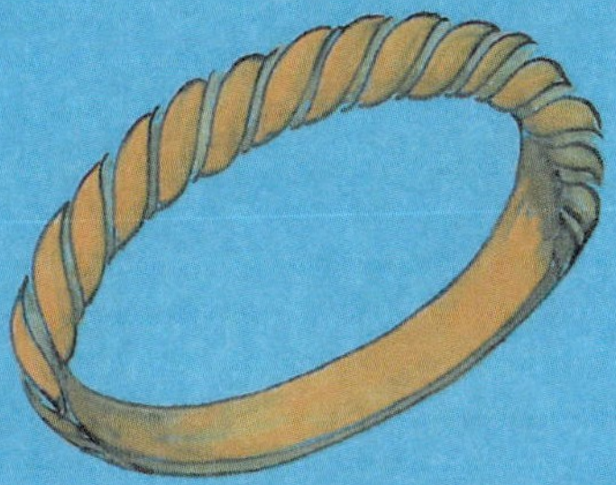

Étape 4

Étape 5

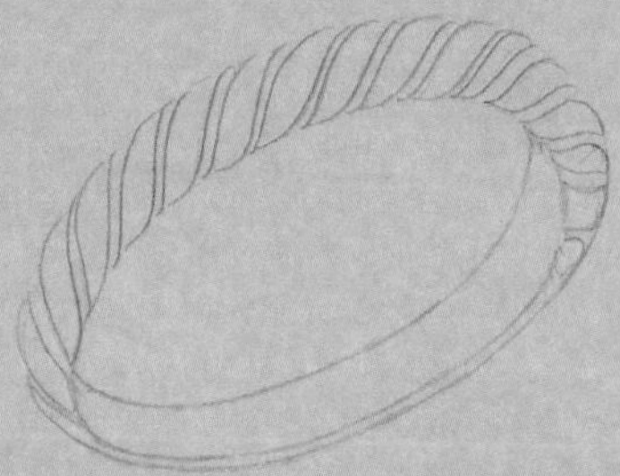

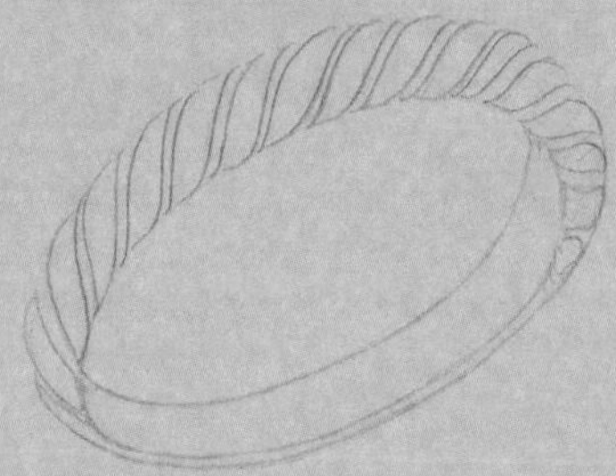

Broche enroulée

Étape 1

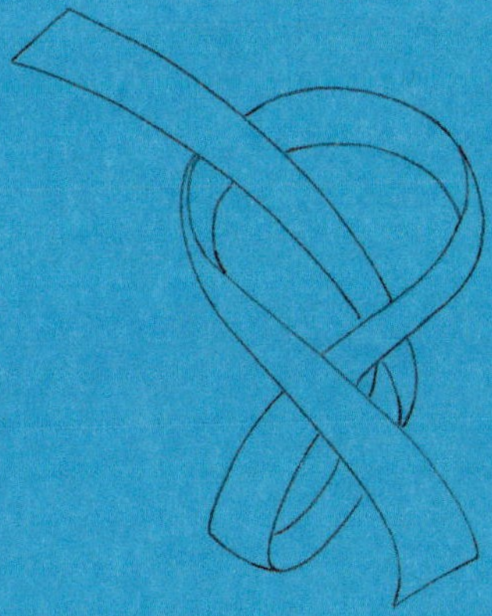

Étape 2

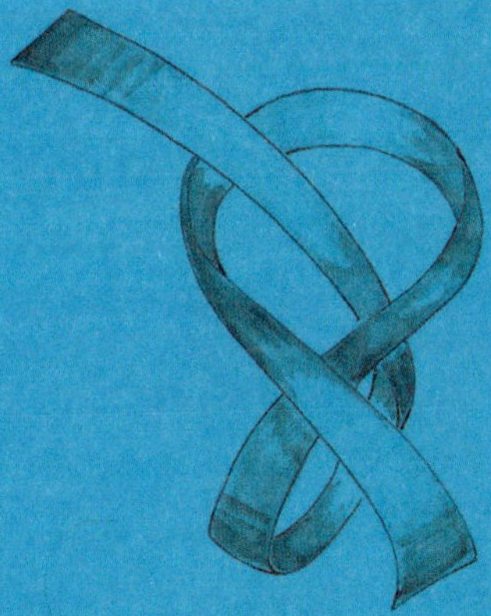

Étape 3

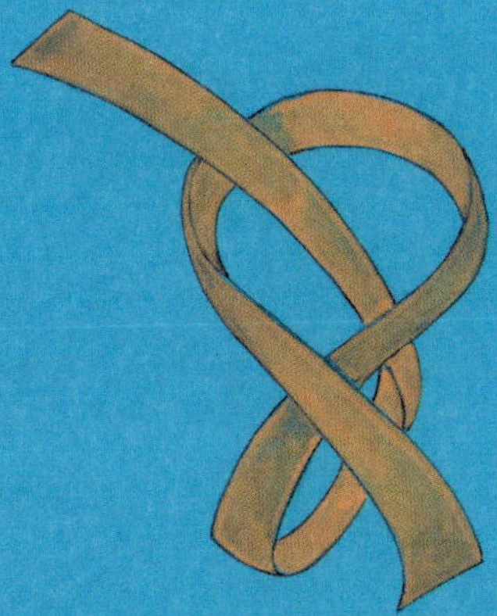

Étape 4

Étape 5

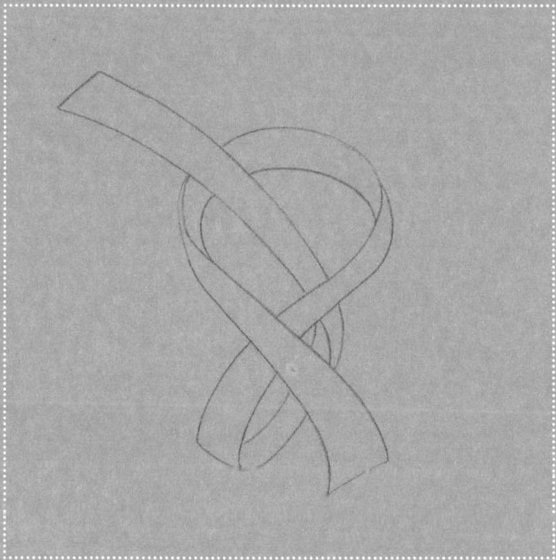

Boucle d'oreille en pendentif mobile

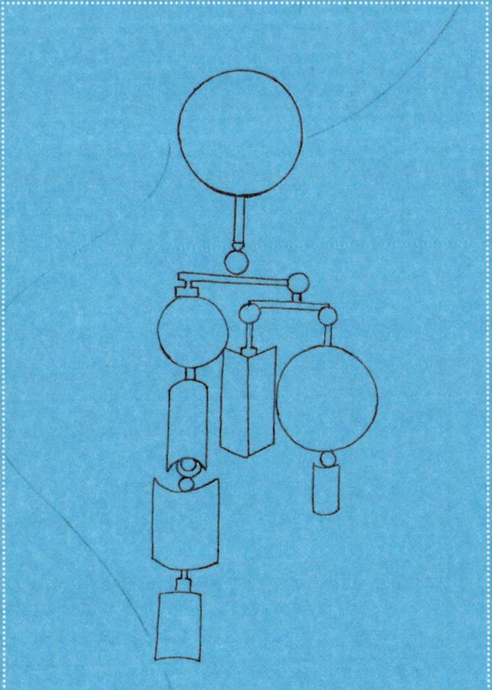

Étape 1

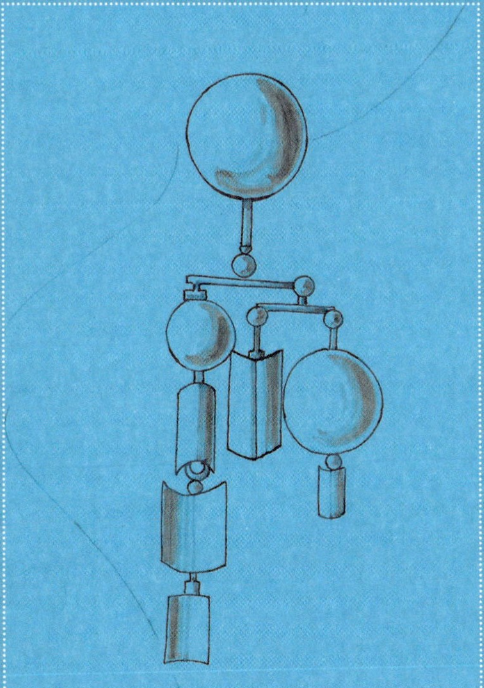

Étape 2

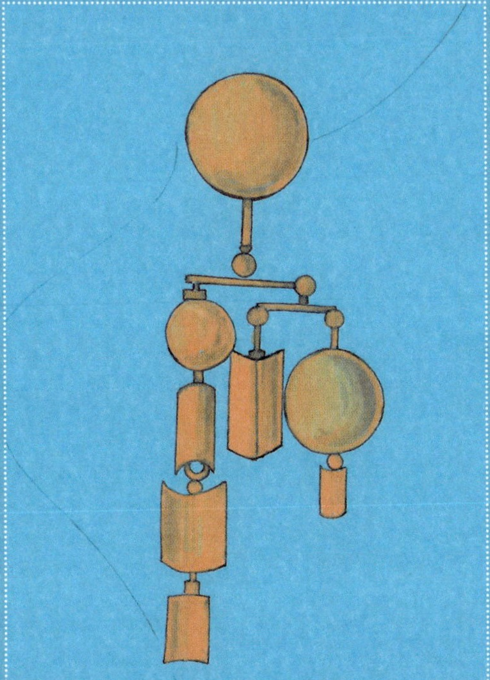

Étape 3

Étape 4

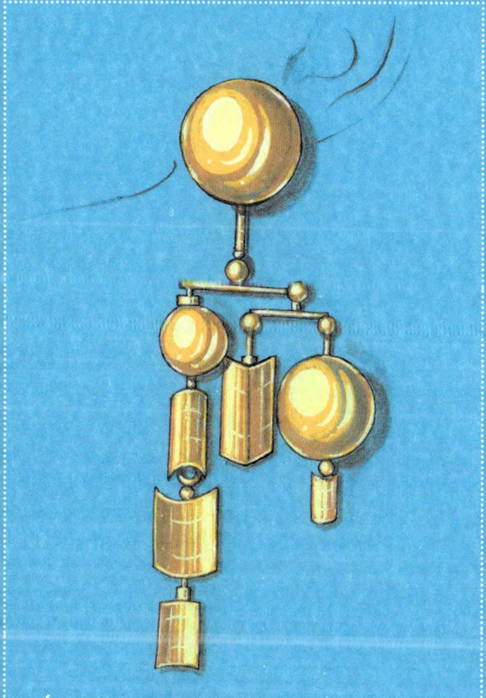

Étape 5

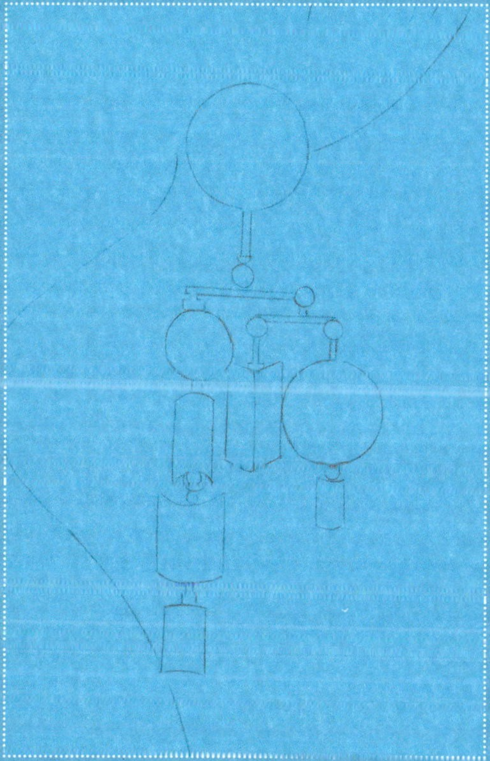

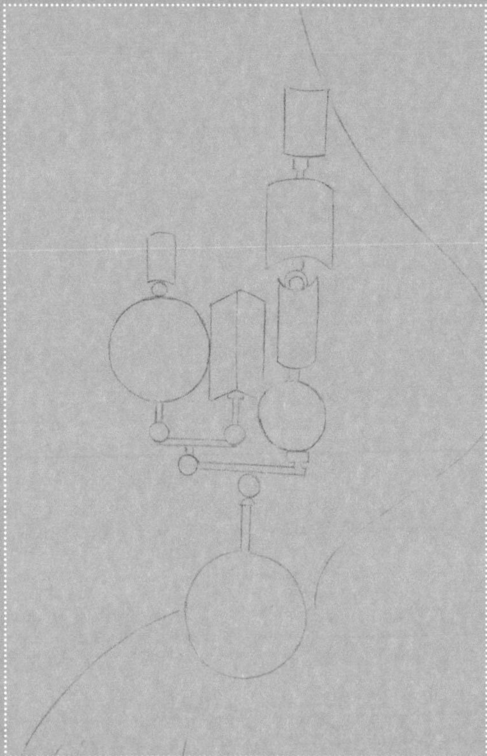

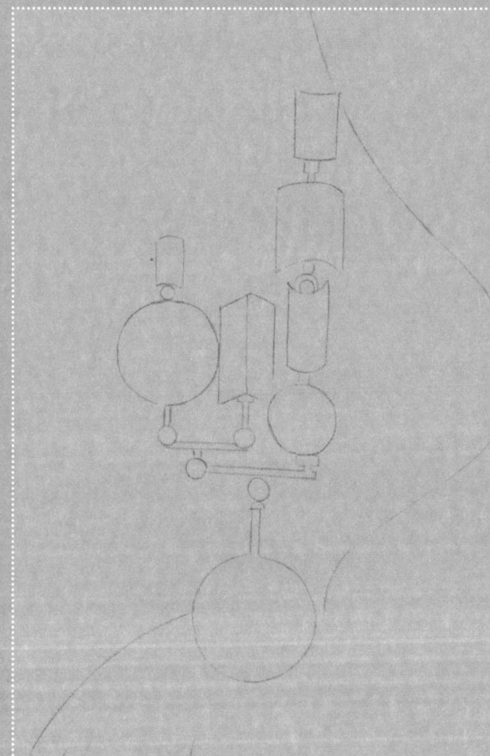

Chaîne avec pendentif anneau

Étape 1

Étape 2

Étape 3

Étape 4

Étape 5

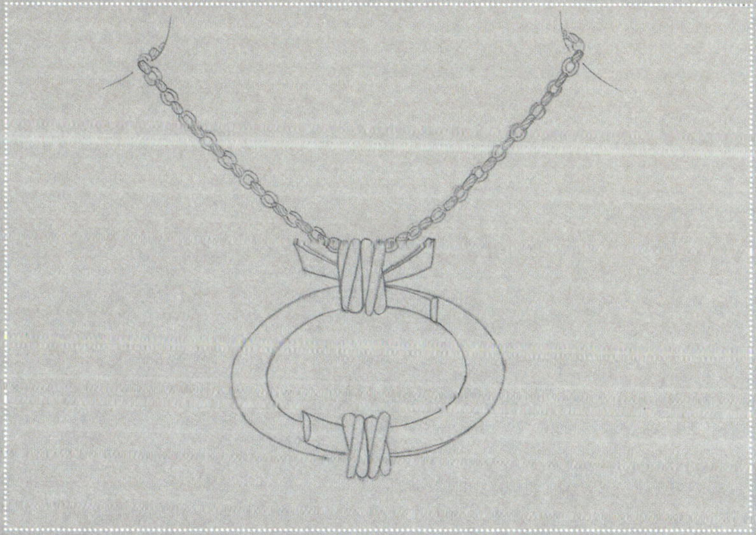

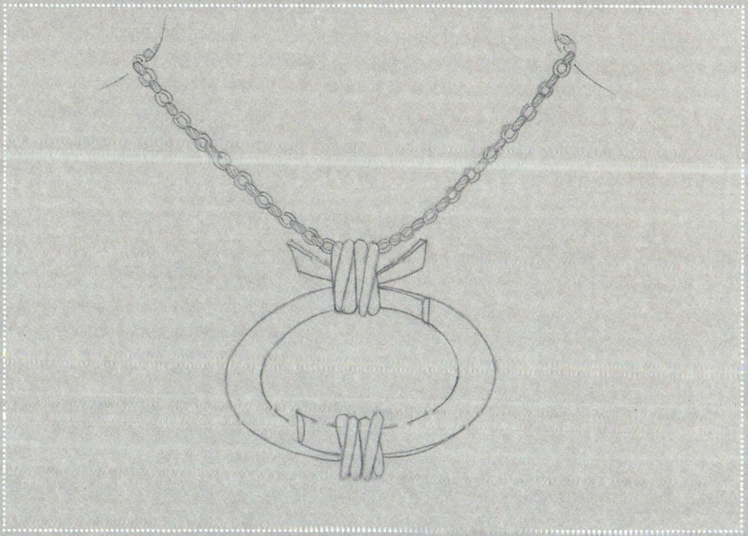

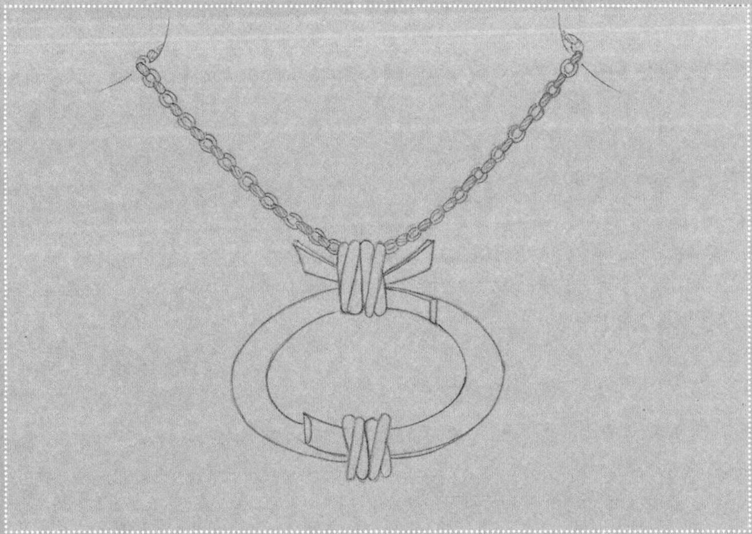
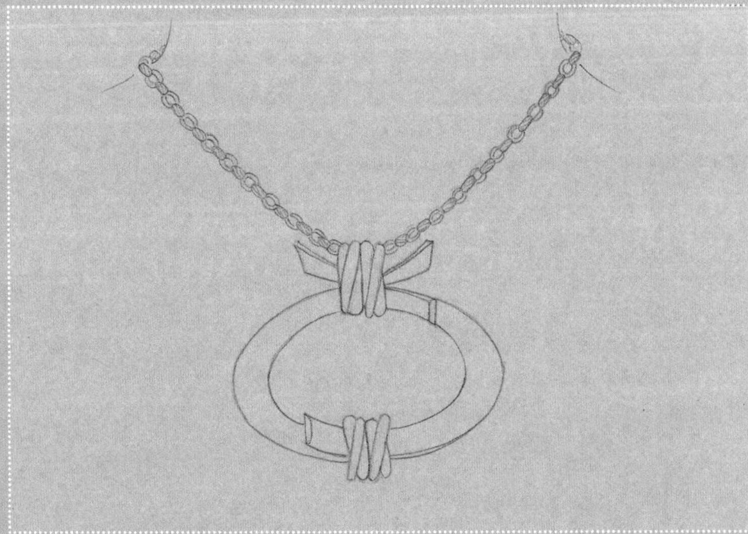
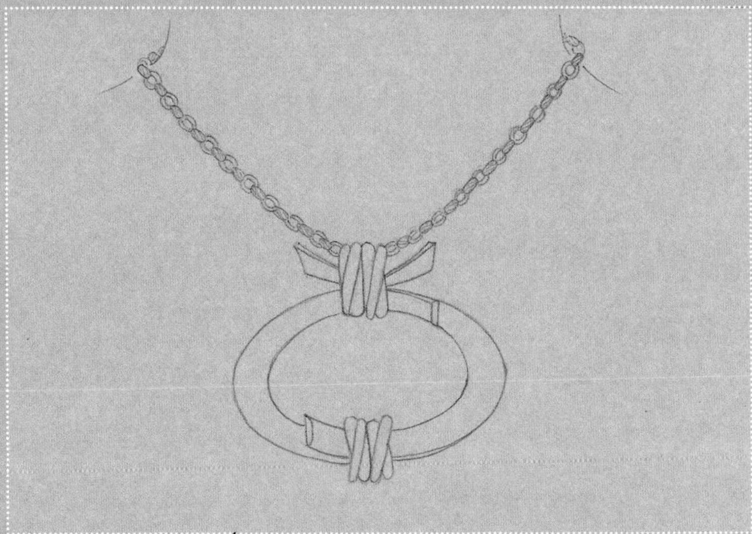
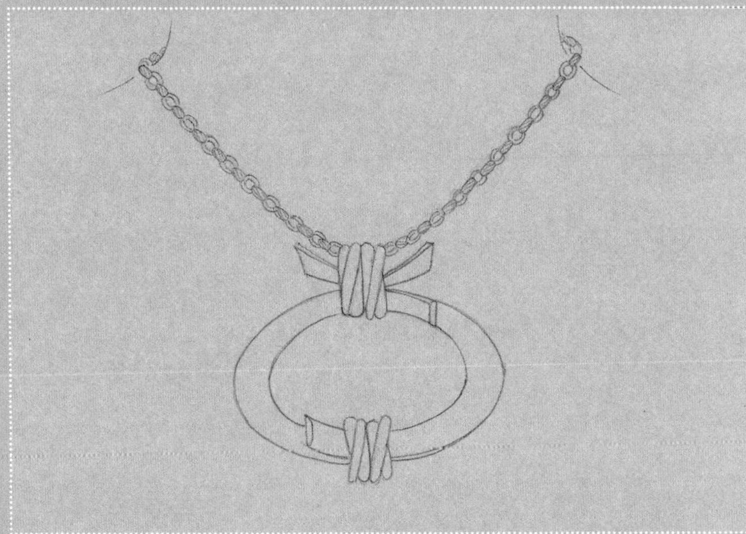

Collier avec pendentif anneau

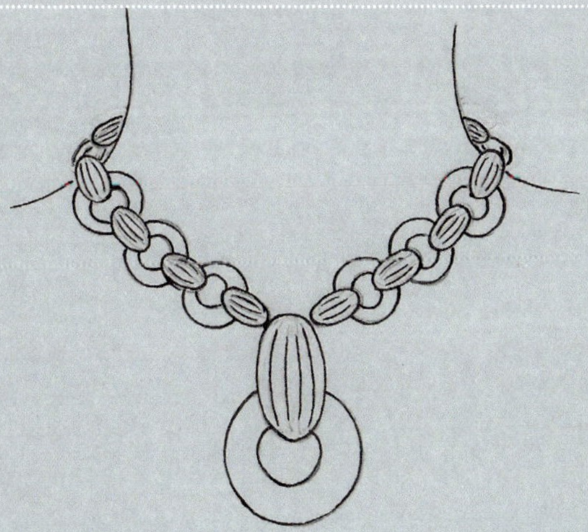

Étape 1

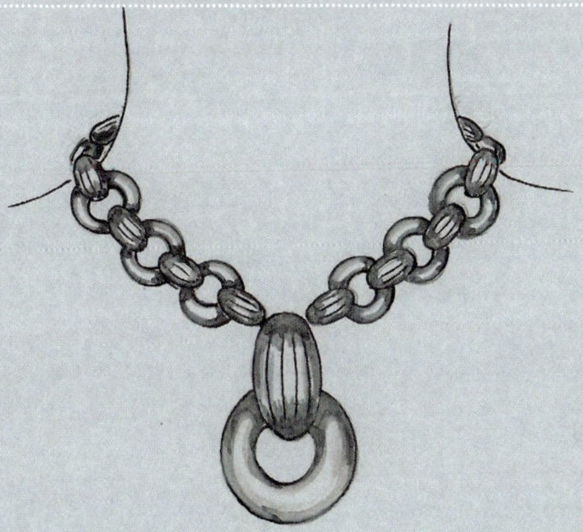

Étape 2

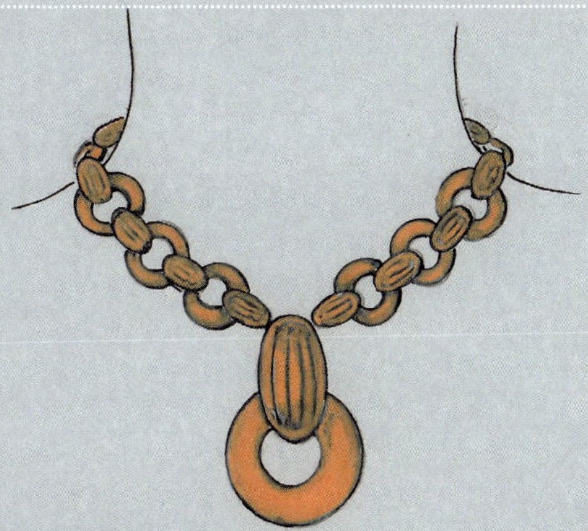

Étape 3

Étape 4

Étape 5

Collier avec pendentif octogonal

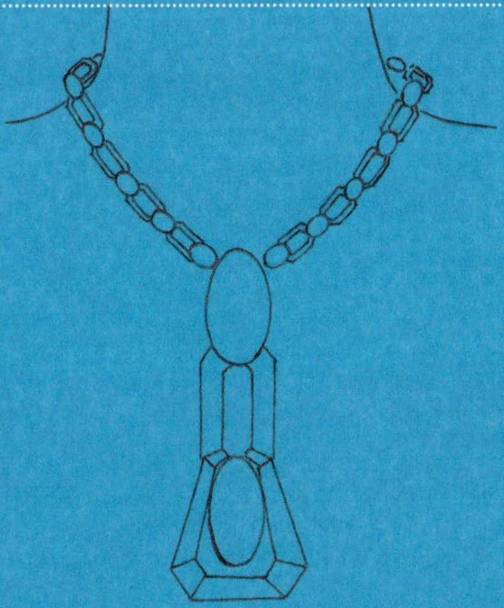

Étape 1

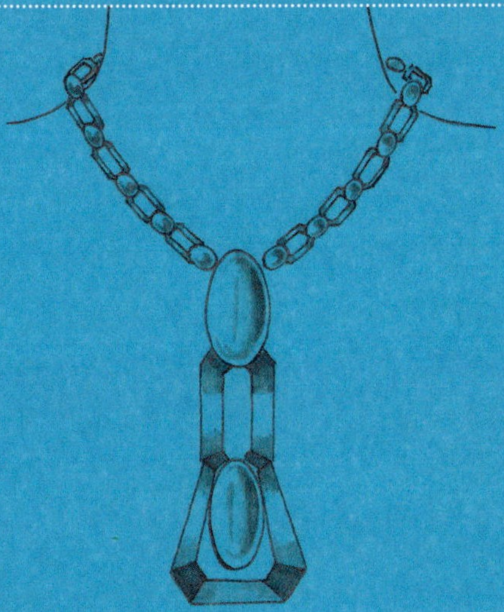

Étape 2

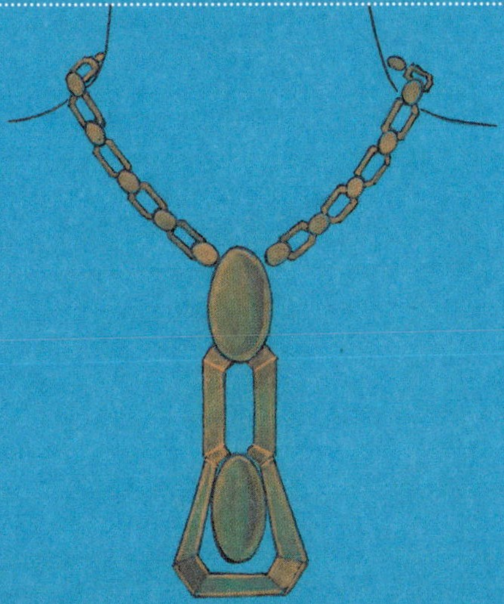

Étape 3

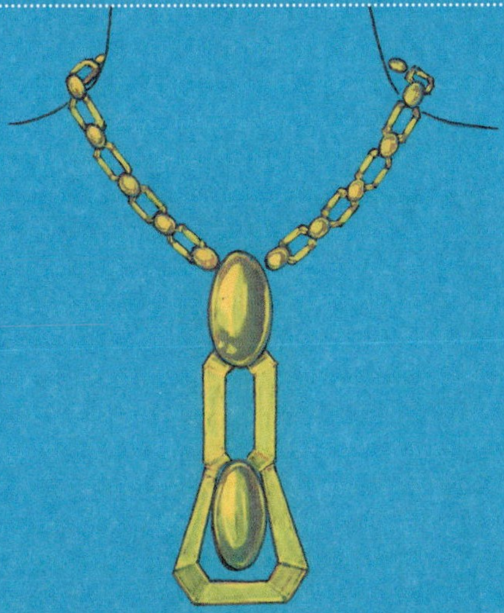

Étape 4

Étape 5

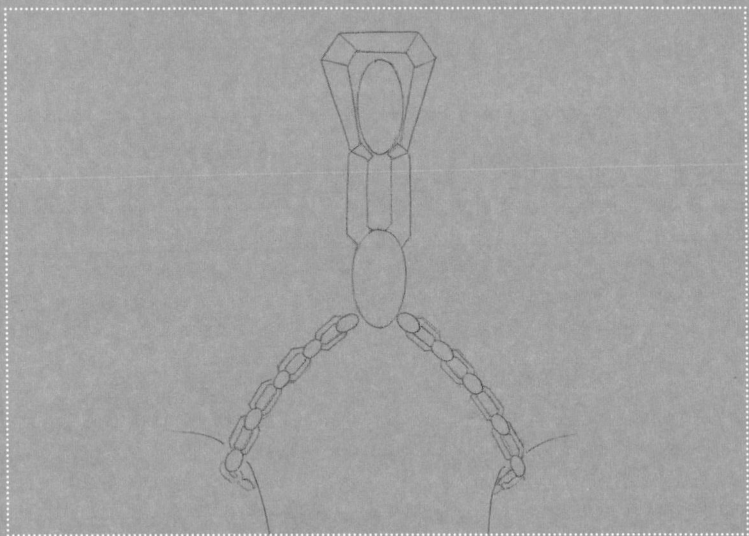
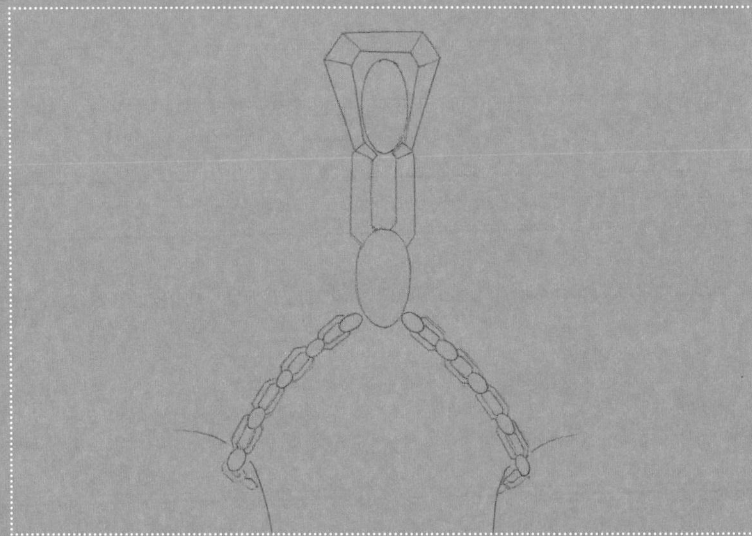
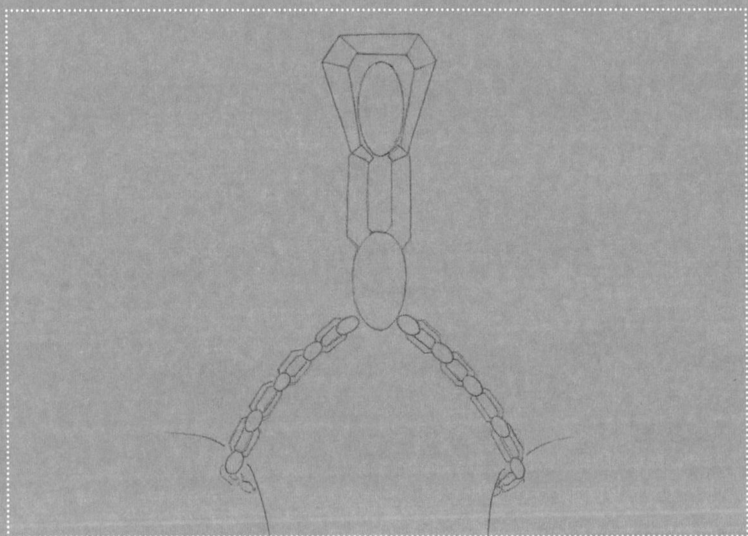
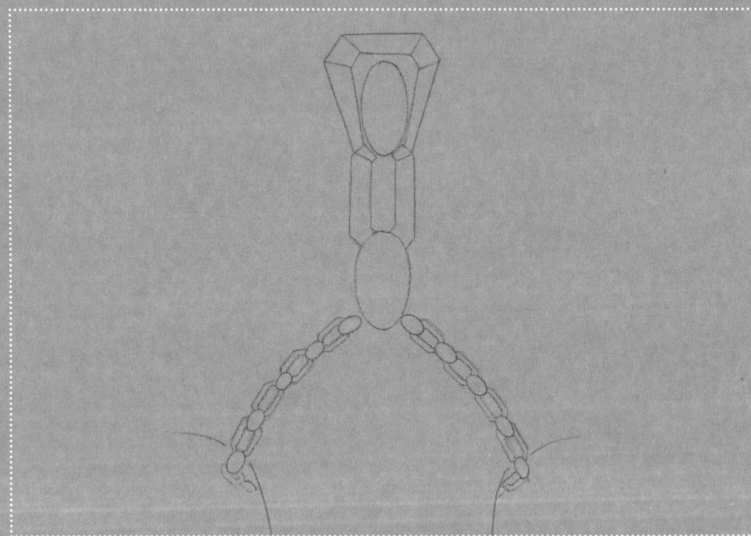

Collier avec pendentif anneau torsadé

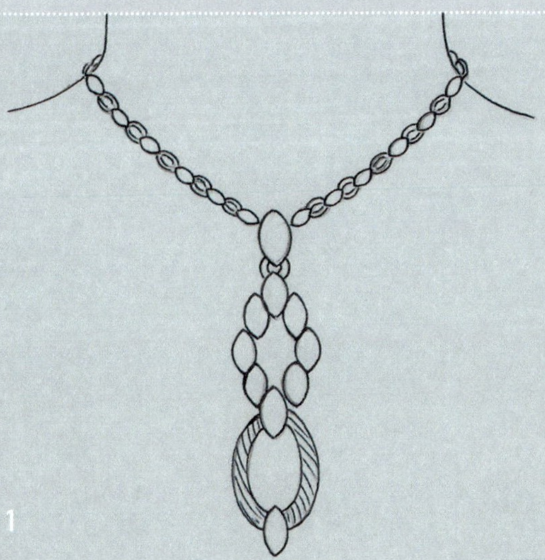

Étape 1

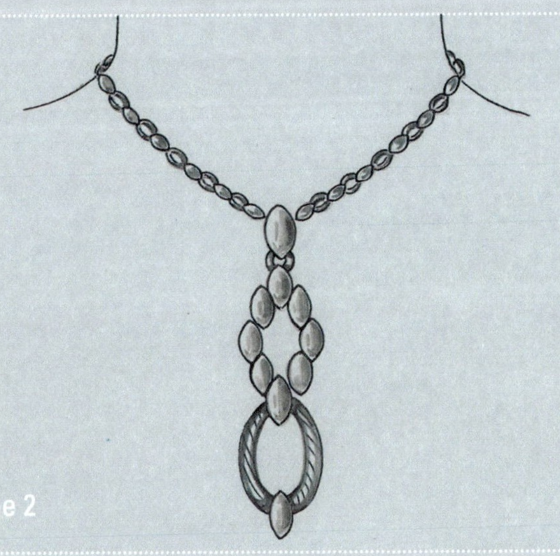

Étape 2

Étape 3

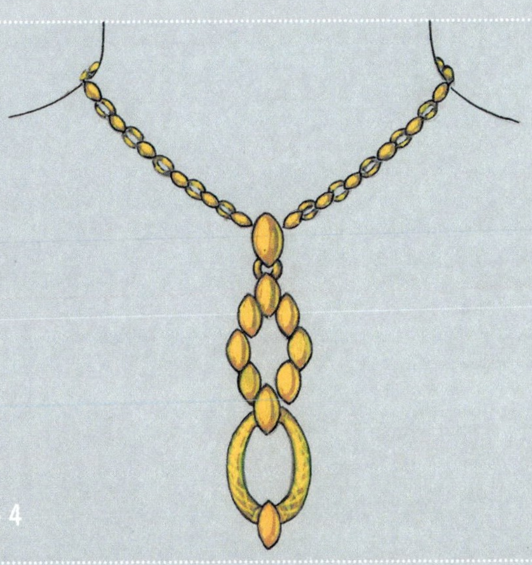

Étape 4

Étape 5

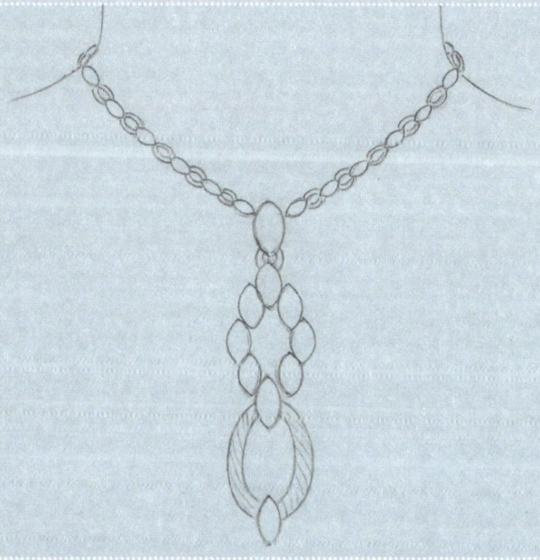

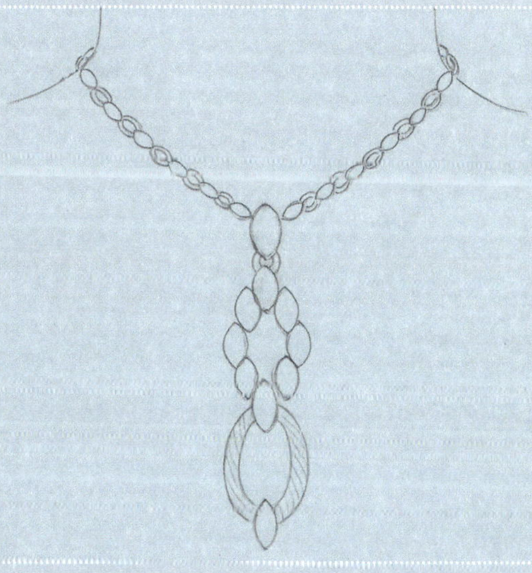

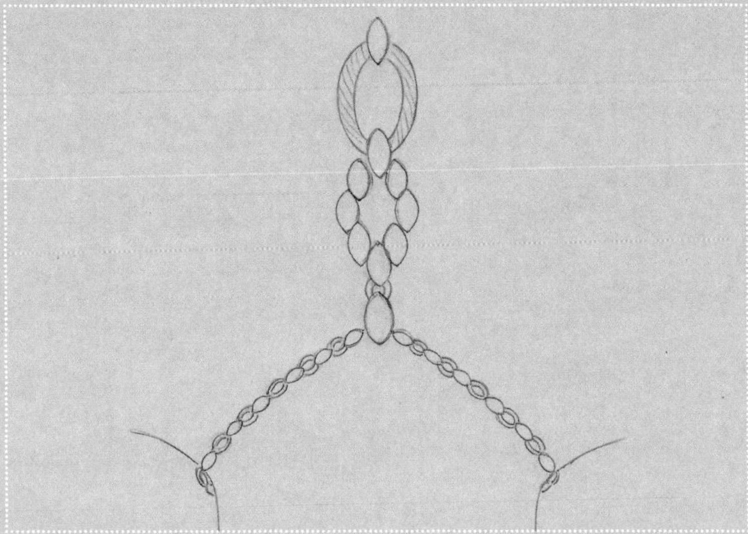

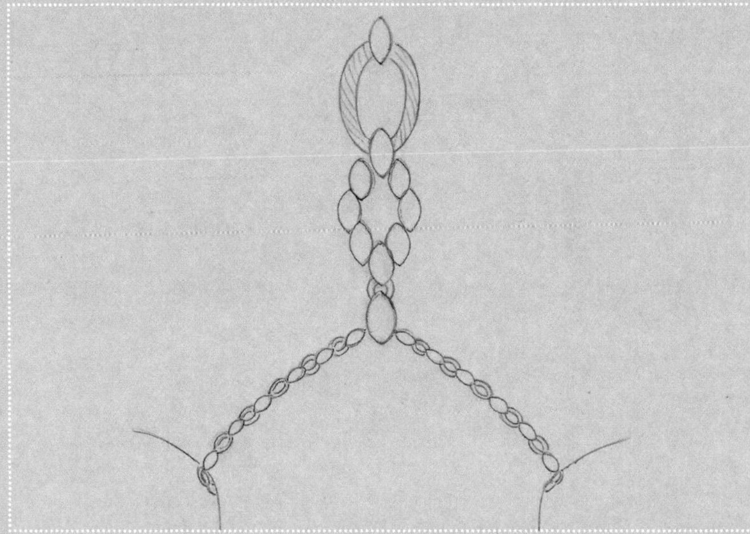

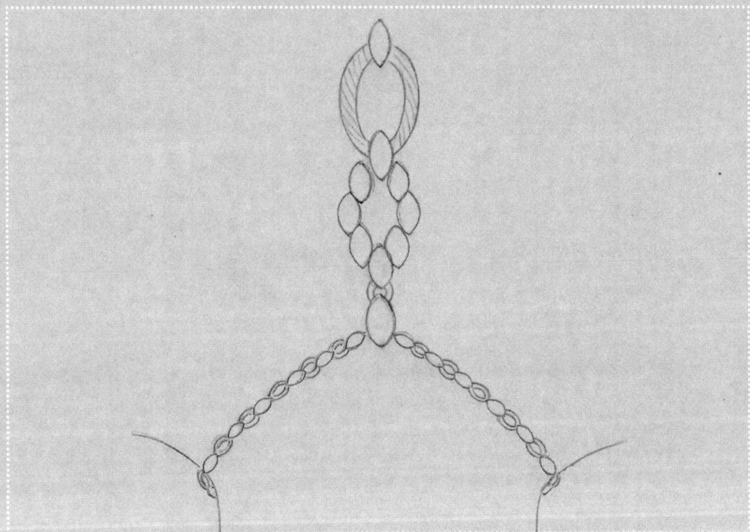

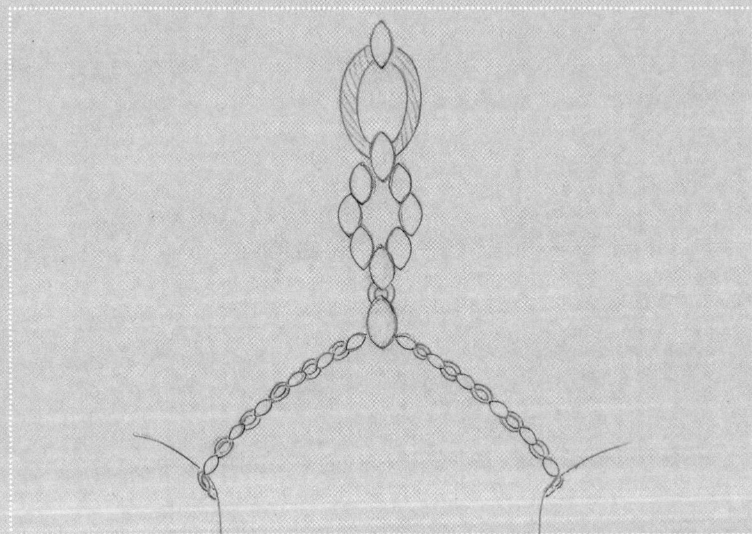

Collier feuilles de chêne

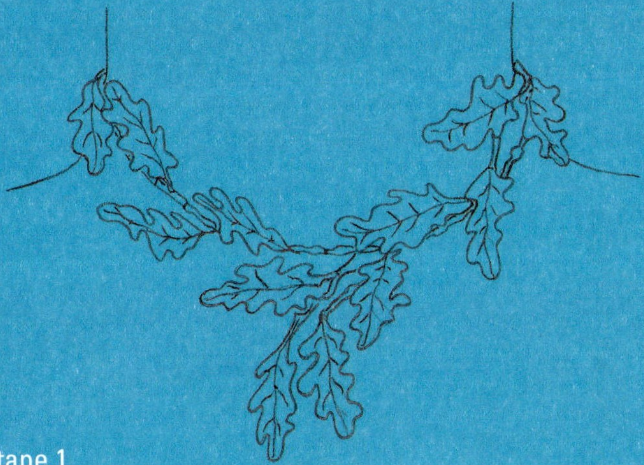

Étape 1

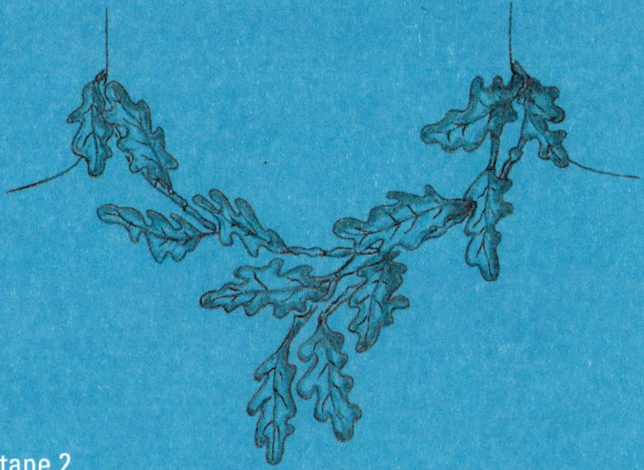

Étape 2

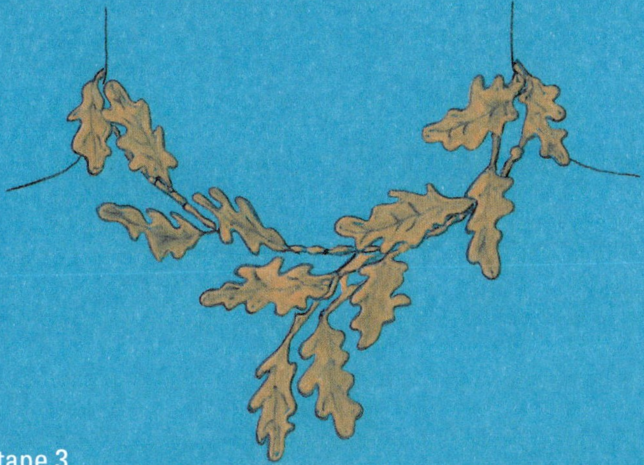

Étape 3

Étape 4

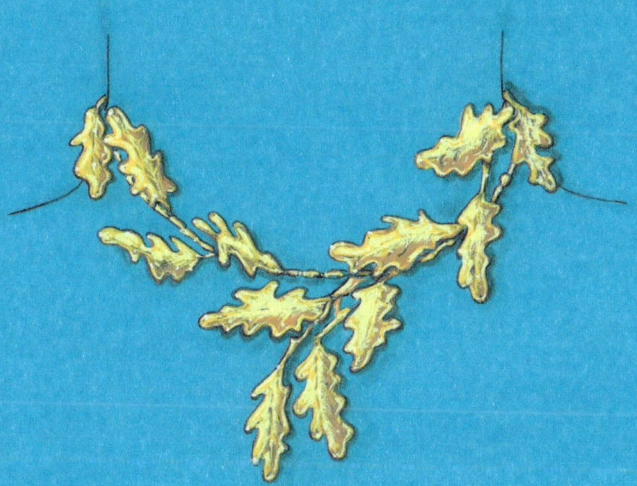

Étape 5

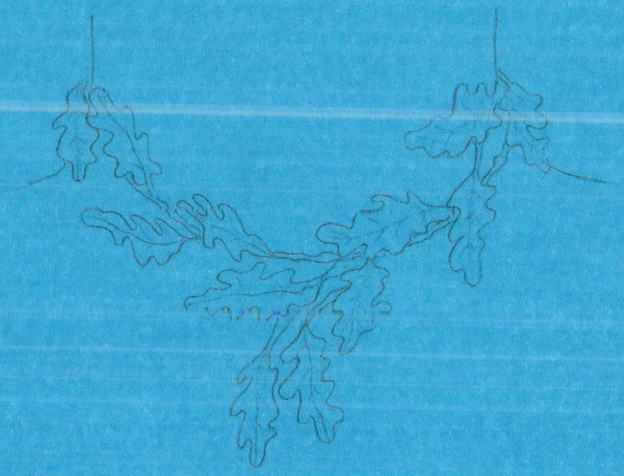

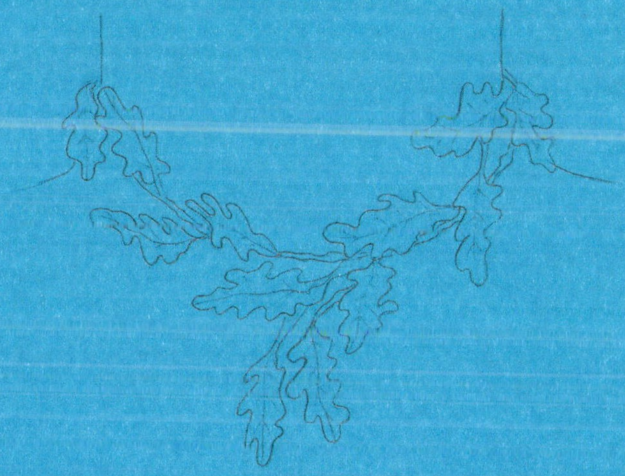

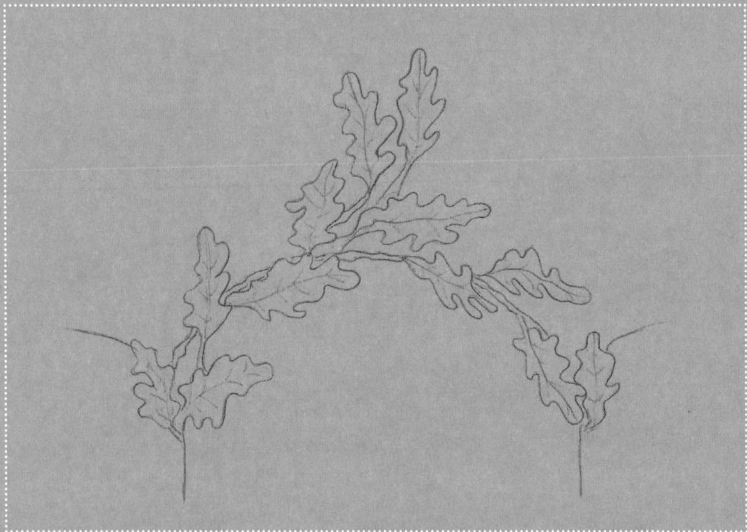
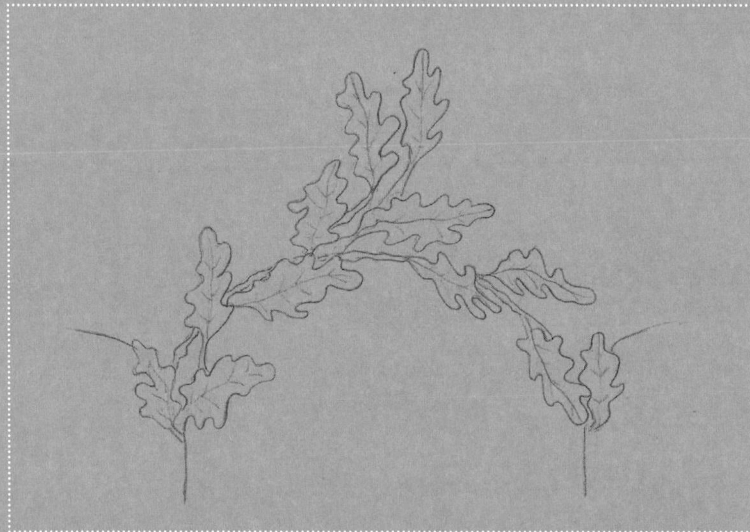

Collier feuilles dentelées

Étape 1

Étape 2

Étape 3

Étape 4

Étape 5

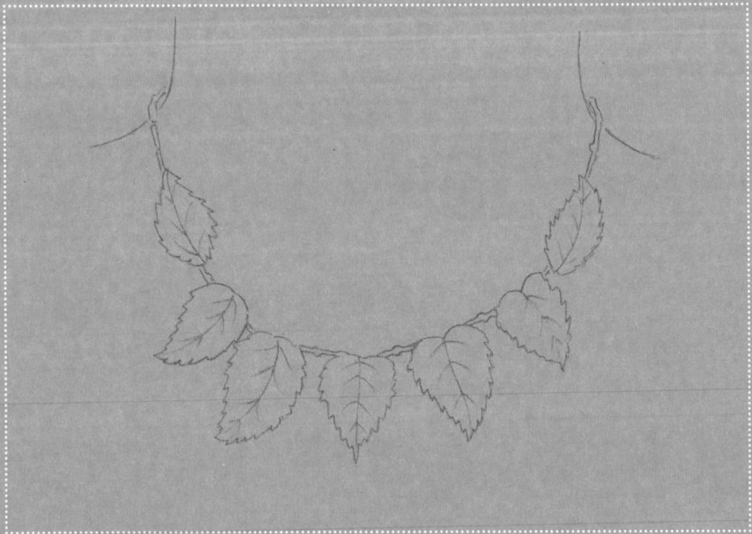

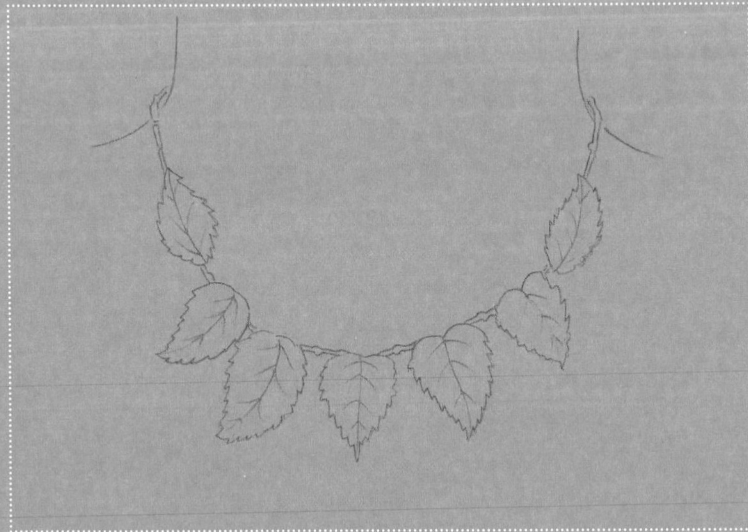

Collier feuilles lisses

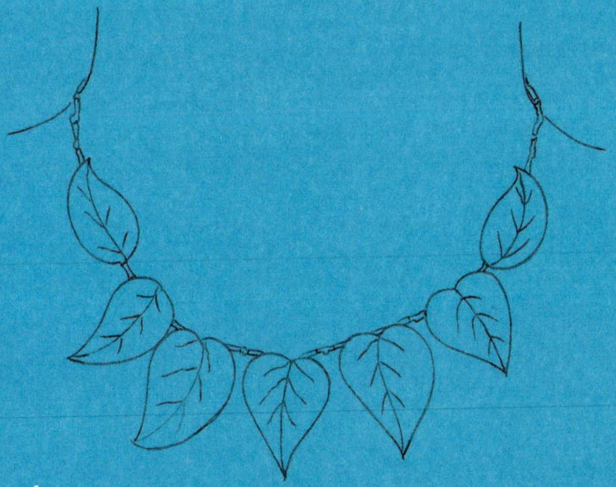

Étape 1

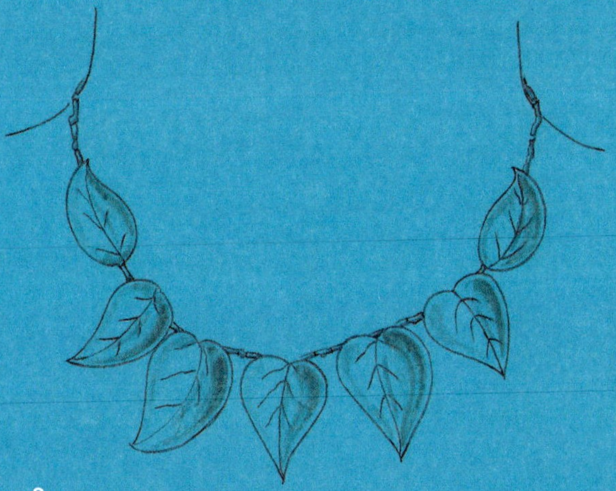

Étape 2

Étape 3

Étape 4

Étape 5

Collier galets

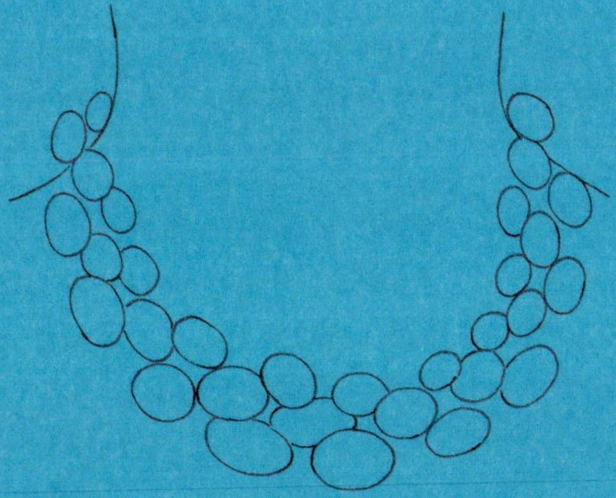

Étape 1

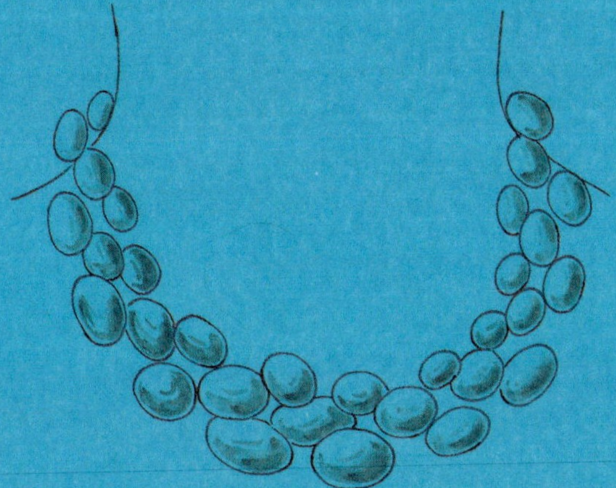

Étape 2

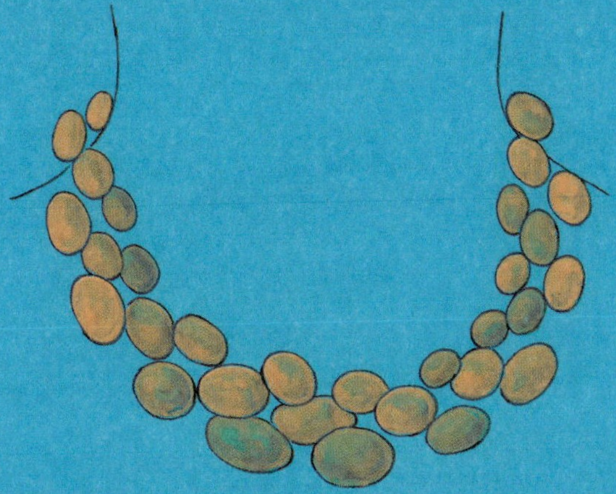

Étape 3

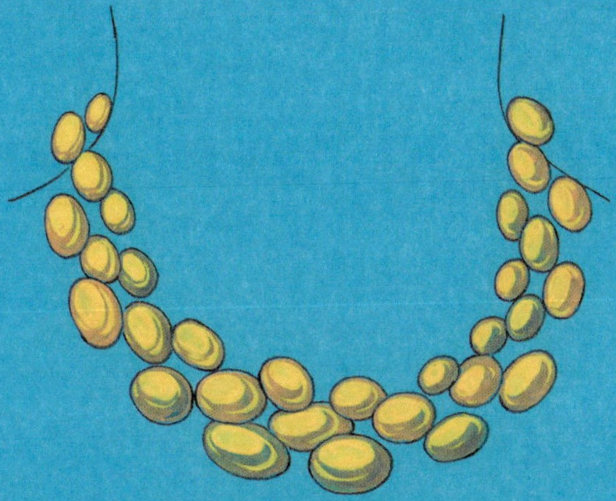

Étape 4

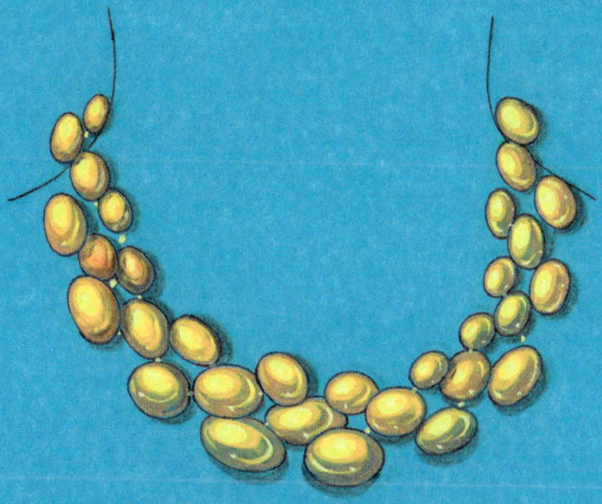

Étape 5

Collier avec pendentif boule et navette

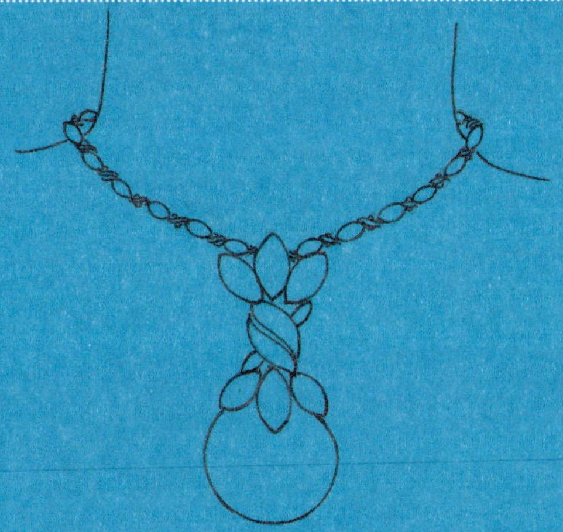

Étape 1

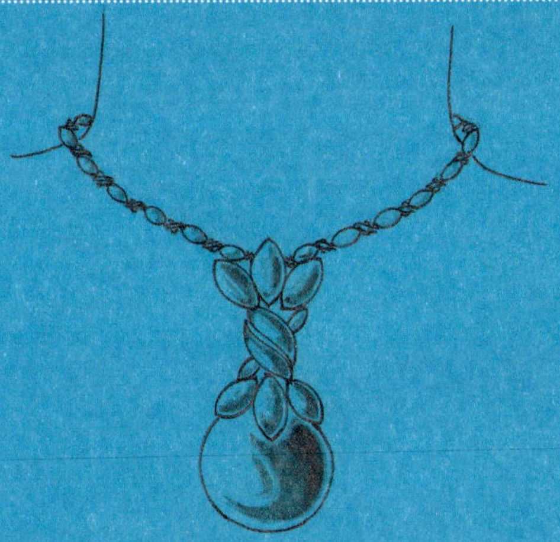

Étape 2

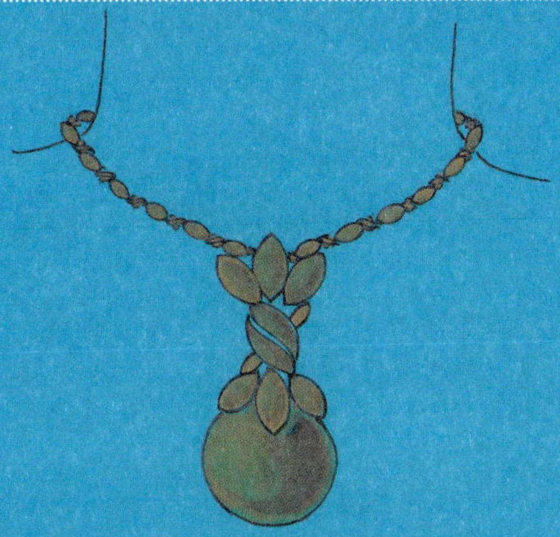

Étape 3

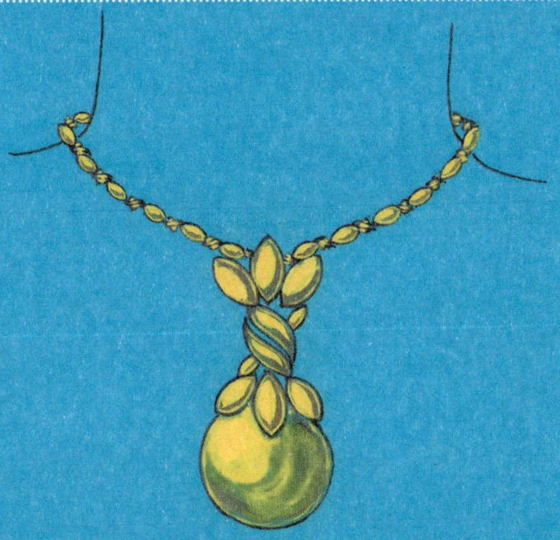

Étape 4

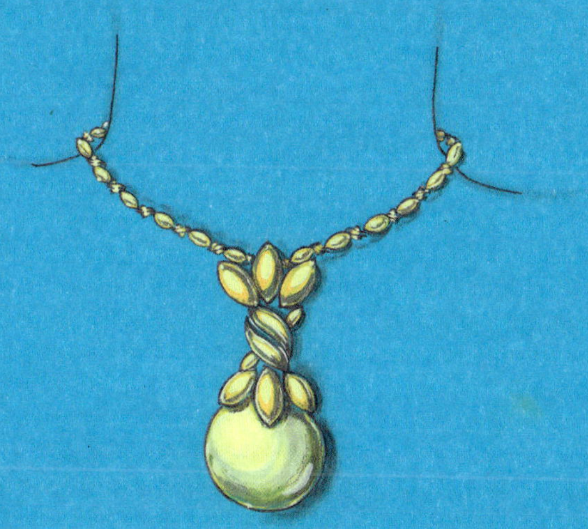

Étape 5

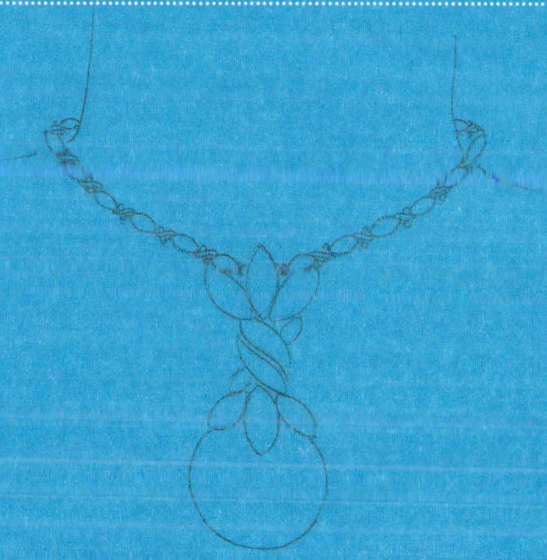

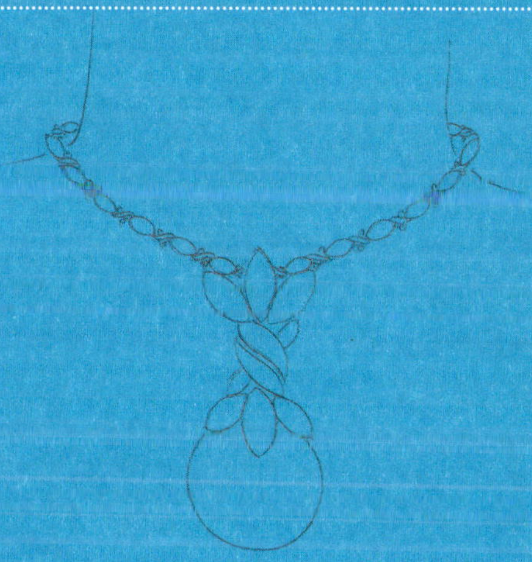

Collier avec pendentif broche

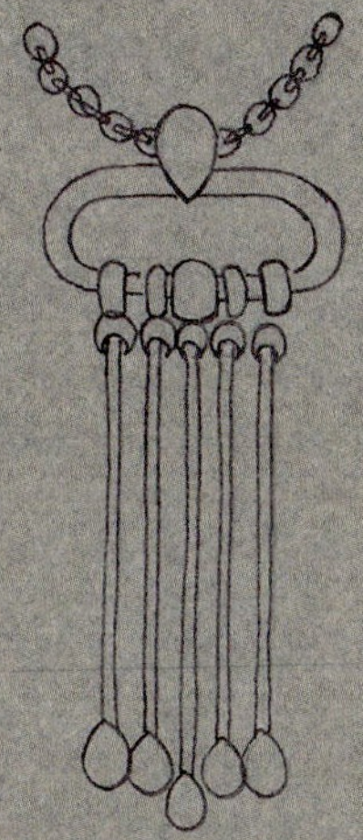

Étape 1

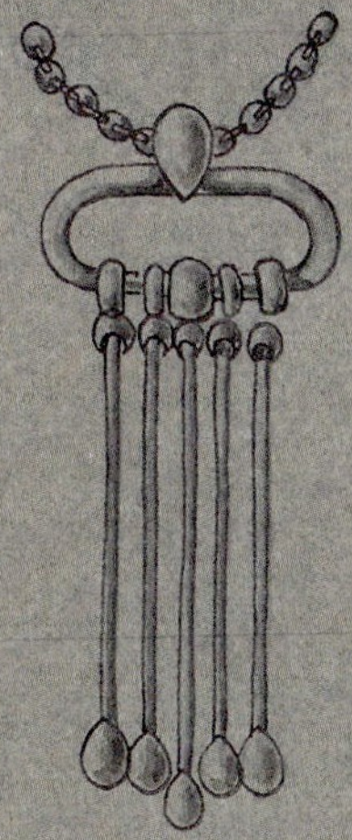

Étape 2

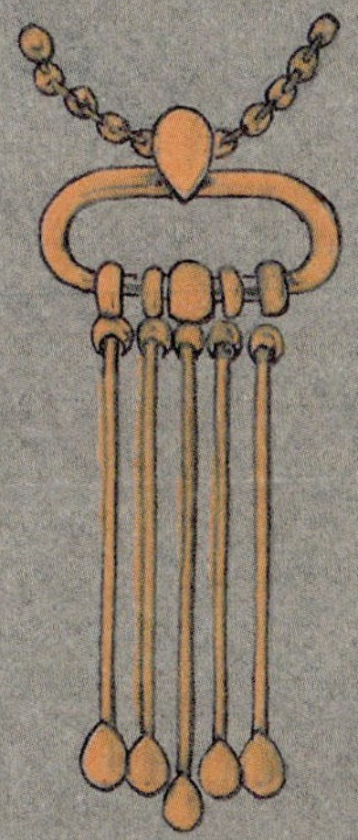

Étape 3

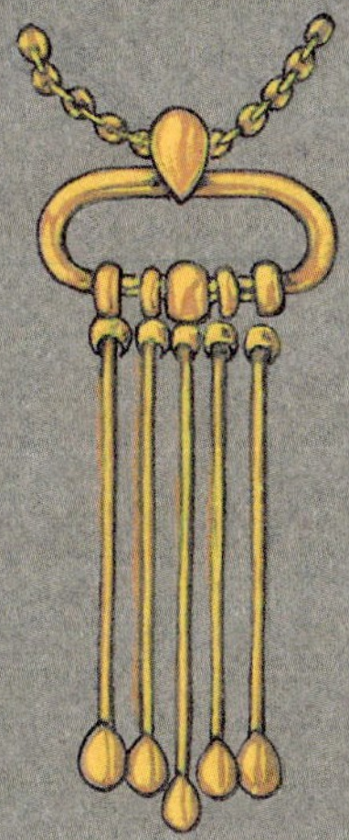

Étape 4

Étape 5

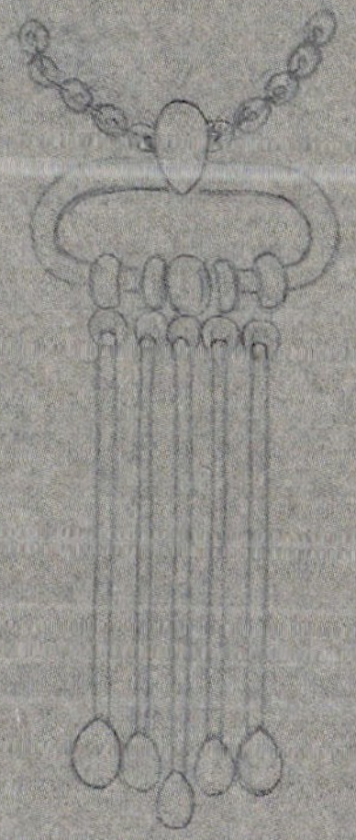

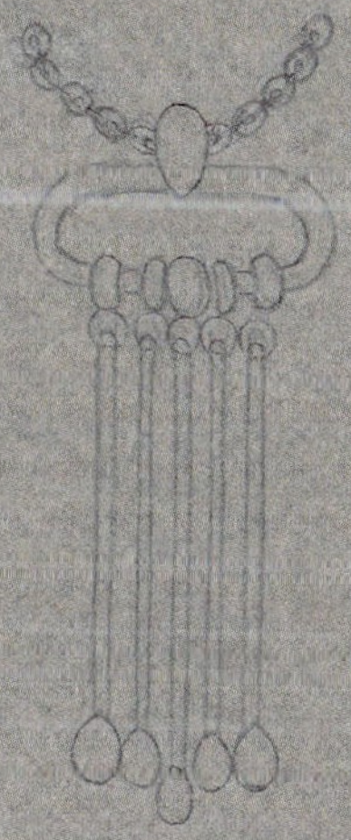

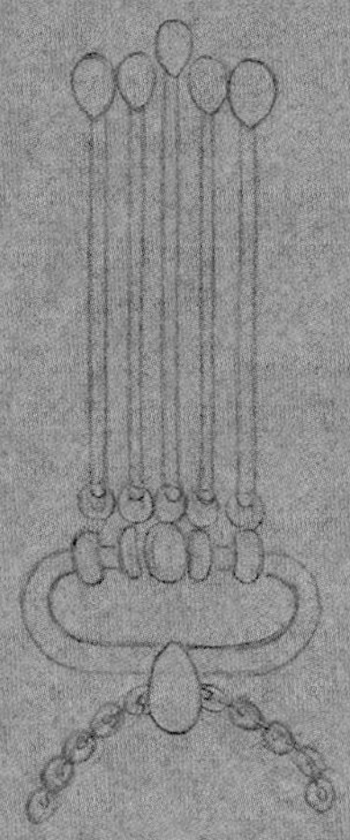
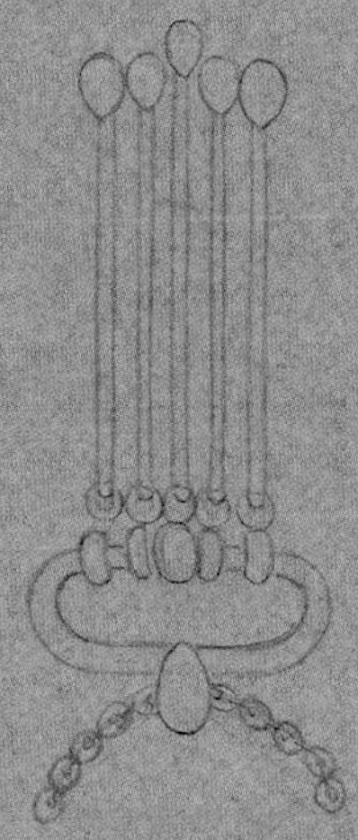
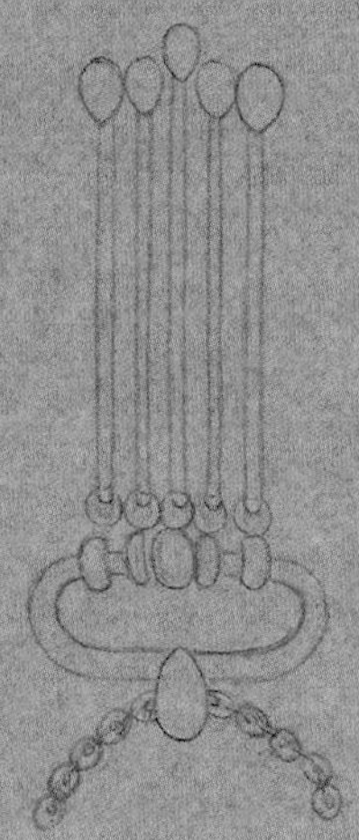
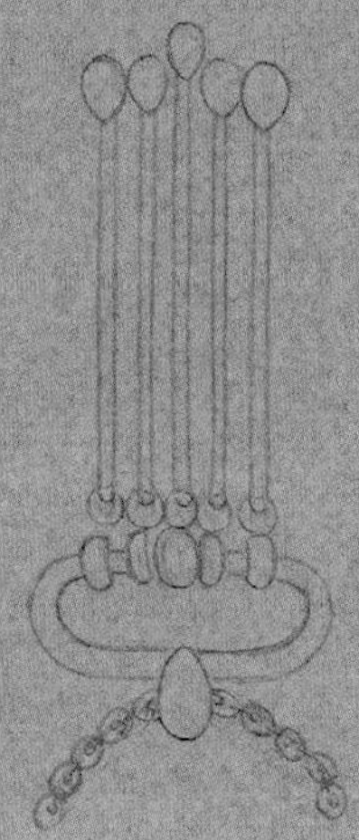

Collier avec pendentif glands et feuilles de chêne

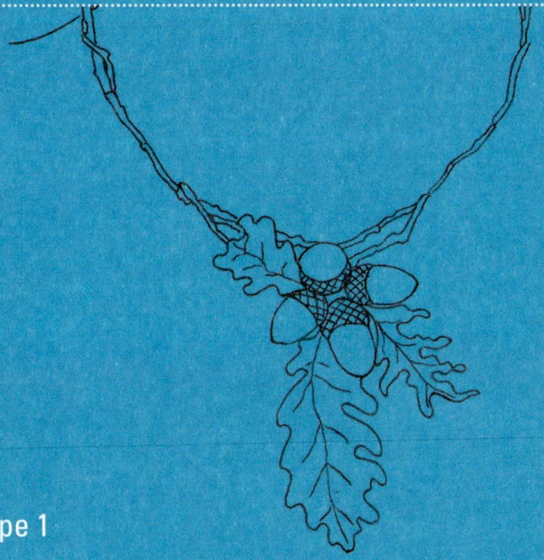

Étape 1

Étape 2

Étape 3

Étape 4

Étape 5

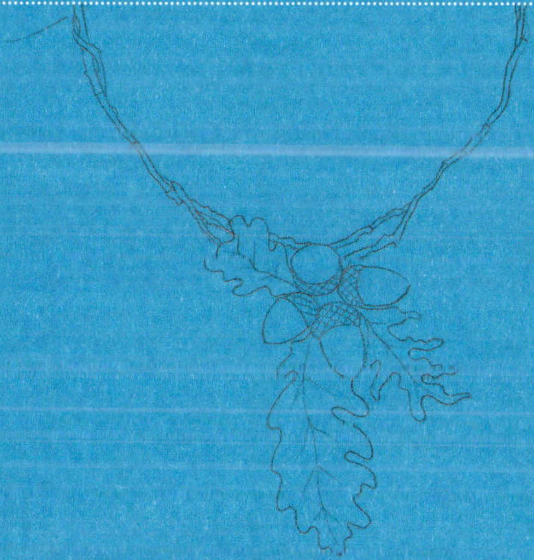

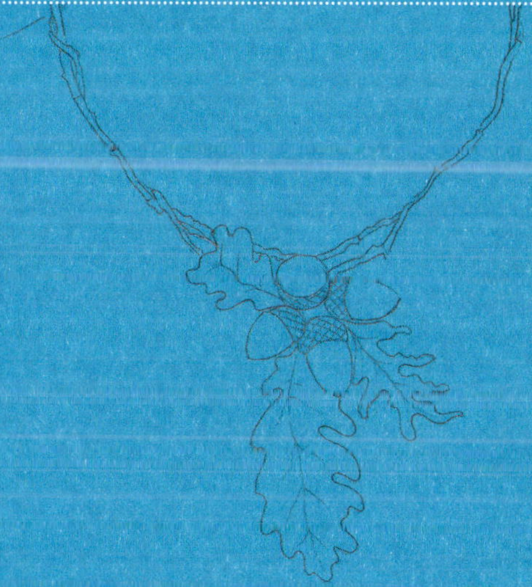

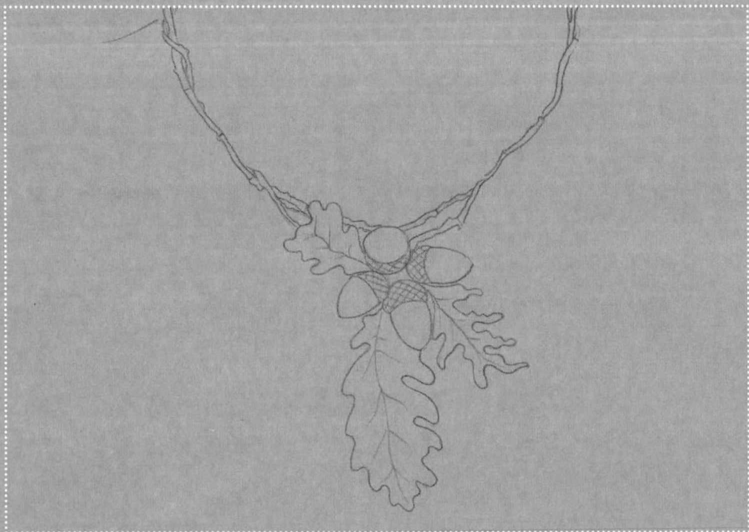
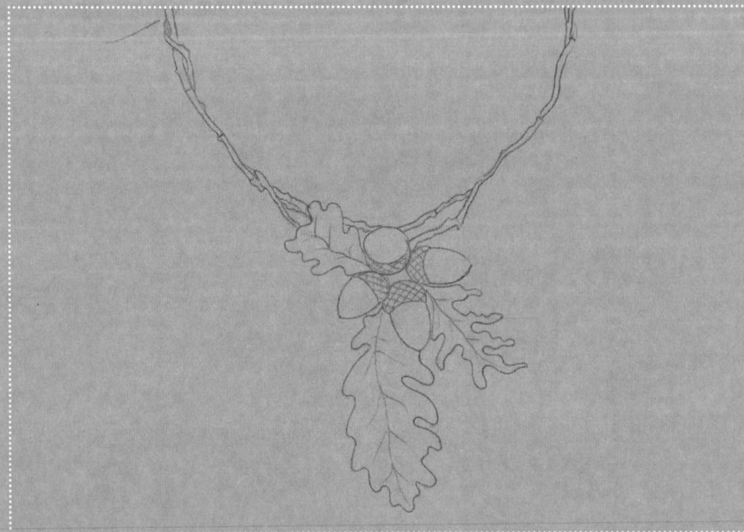

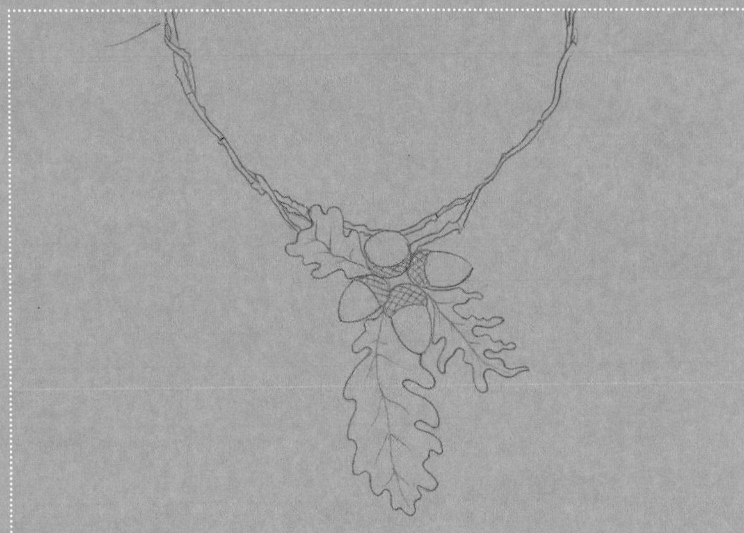

Collier avec pendentif feuilles lisses

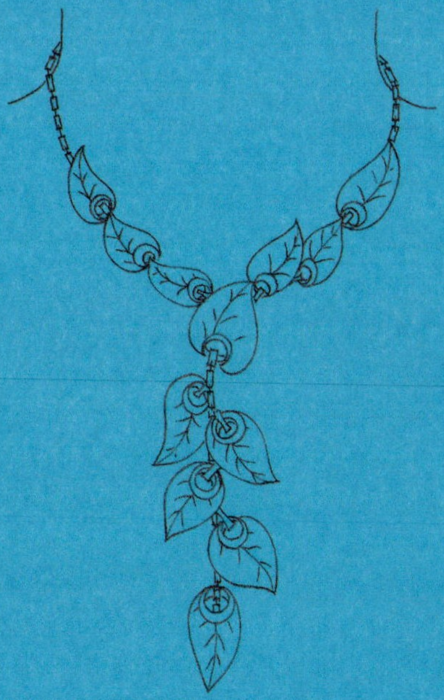

Étape 1

Étape 2

Étape 3

Étape 4

Étape 5

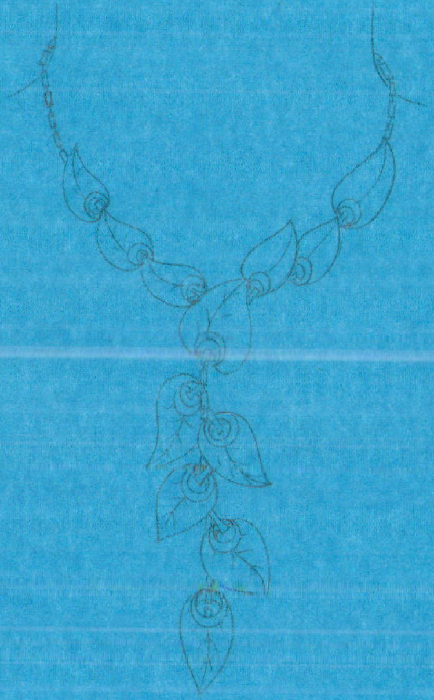

Collier avec pendentif feuilles dentelées

Étape 1

Étape 2

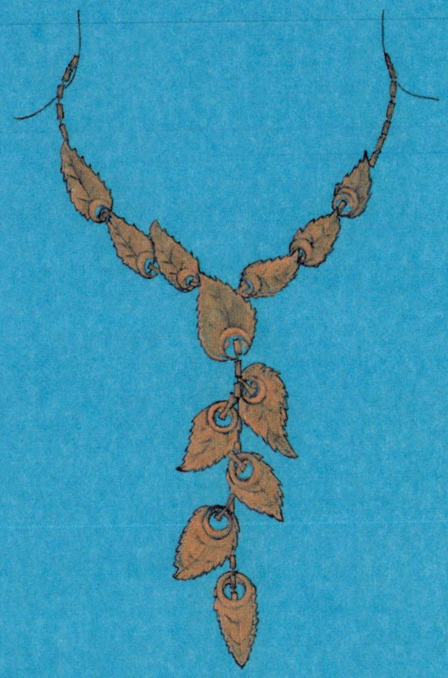

Étape 3

Étape 4

Étape 5

Collier avec pendentif triple boucle

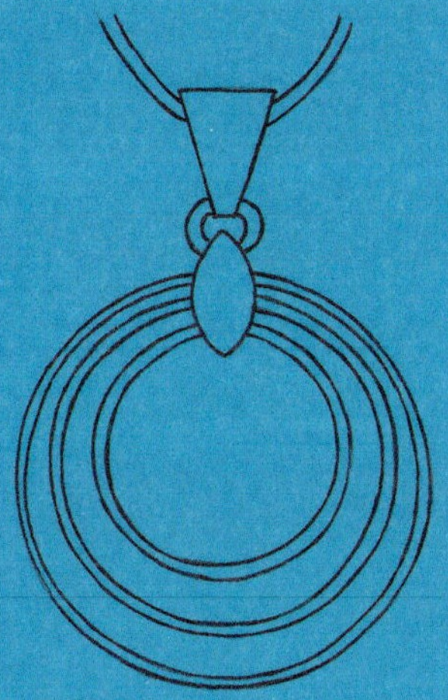

Étape 1

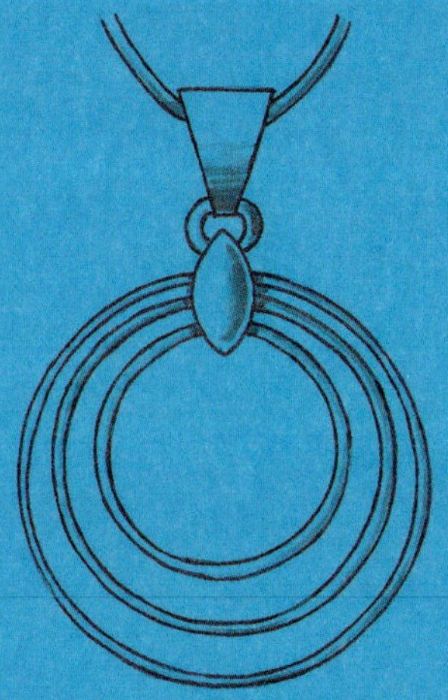

Étape 2

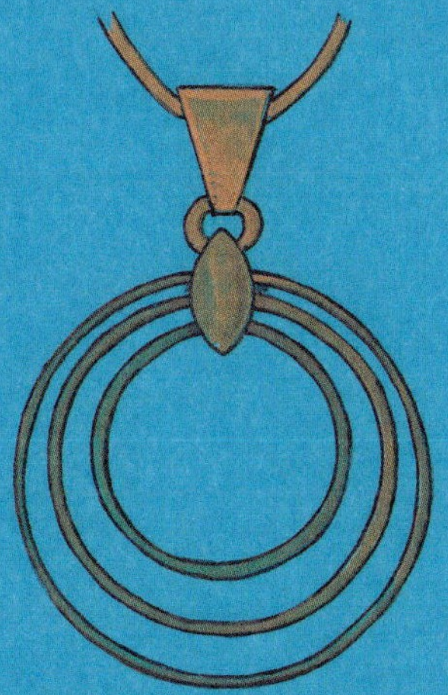

Étape 3

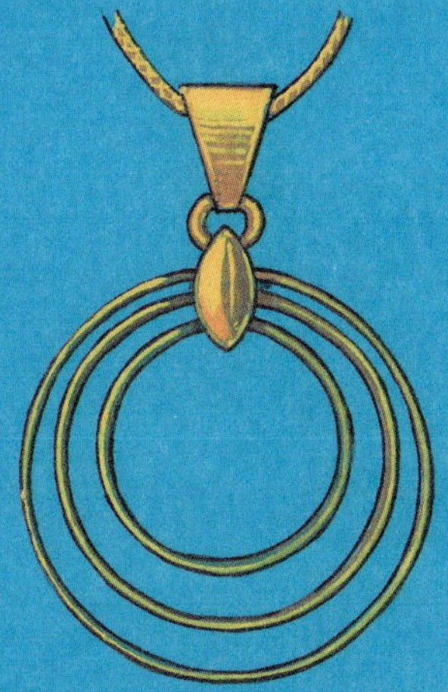

Étape 4

Étape 5

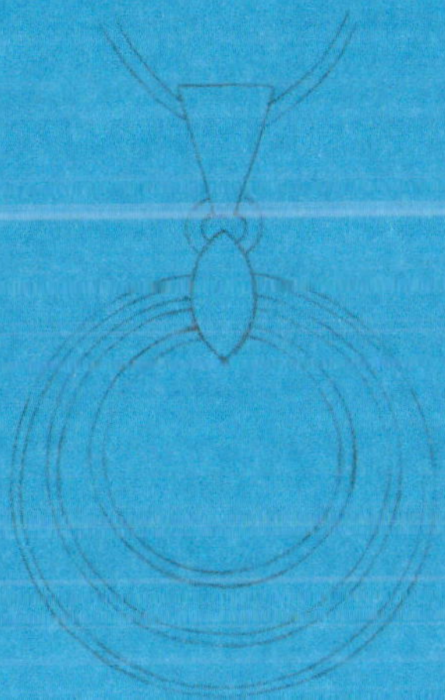

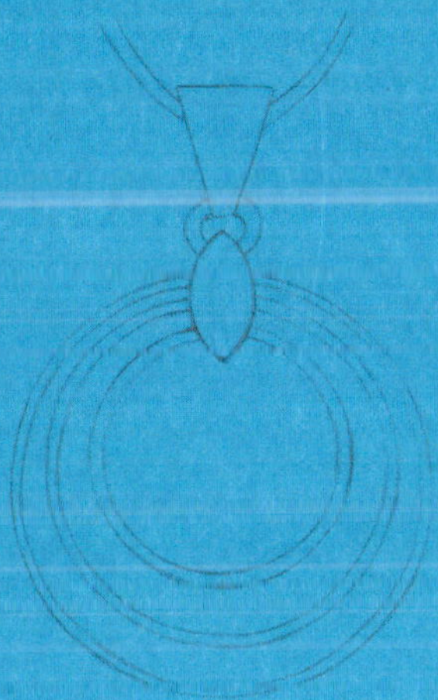

Conclusion

Vous êtes parvenu au terme de ce carnet : que ce soit sous sa forme plate, emboutie, convexe ou concave, qu'il s'agisse de bagues, de boucles d'oreilles, de bracelets, de broches ou de colliers... dessiner l'or ne doit plus avoir de secrets pour vous ! Peut-être avez-vous en tête des idées très personnelles de bijoux à réaliser ? N'hésitez plus et lancez-vous ! Donnez corps à ces images en les couchant sur un canson.

Avec les compétences que vous avez acquises à ce stade et vos nouvelles connaissances sur l'or, l'artiste en herbe que vous êtes peut désormais, sans difficulté, dessiner, peindre et faire apparaître sur le papier les bijoux de vos rêves. En effet, ce principe d'apprentissage vous permettra de peindre tous vos projets le plus simplement possible, réalisme à la clé.

Quels bijoux ? Littéralement tous ceux que vous pouvez imaginer : des plus sobres aux plus somptueux, il ne tient plus qu'à vous d'exprimer en dessins et en peinture les modèles de vos rêves les plus créatifs. Vous connaissez désormais la méthode et n'avez plus qu'à l'appliquer, étape par étape.

Faites vôtre ce savoir-faire simple pour le mettre au service d'une alchimie créative sans limites. Et maintenant, cher créateur en devenir, à vos gouaches et pinceaux !

L'auteur

Jean-Christophe Peupion travaille régulièrement pour les joailliers de la place Vendôme à Paris, où sont réunis tous les plus grands joailliers du monde.

Professeur d'arts appliqués depuis 1991, il enseigne depuis plusieurs années l'art du dessin de bijoux en tant que Professeur de la ville de Paris dans la prestigieuse École Boulle.

J'aimerais remercier toutes les personnes qui m'ont aidé dans l'élaboration de ce carnet. Je pense notamment à Élisa Peupion, créatrice et dessinatrice en joaillerie, qui m'a beaucoup aidé par ses précieux conseils. Merci également à Barbara Kaczmarek, conceptrice de bijoux et qui est à l'initiative de ce beau projet.

Enfin, un grand merci à mon éditeur, sans qui rien n'aurait été possible.

Dépôt légal : mai 2018
Achevé d'imprimer en Union européenne
par Pulsio.net en mars 2018.